怪談標本箱《かいだんひょうほんばこ》
生霊ノ左《いきりょうのひだり》

戸神重明 著

JN199670

竹書房文庫

※本書に登場する人物名は、様々な事情を考慮してすべて仮名にしてあります。また、作中に登場する体験者の記憶と体験当時の世相を鑑み、極力当時の様相を再現するよう心がけています。現代においては若干耳慣れない言葉・表記が登場する場合がありますが、これらは差別・侮蔑を意図する考えに基づくものではありません。

まえがき――駄菓子屋

私は生まれ育った群馬県高崎市で、二〇一五年から〈高崎怪談会〉を主催している。地元で行われる怪談イベントが少ないことや、怪談ファンが集う場がないことが寂しかったからだ。〈怪談会〉といっても、サークルではなく、私と参加者が持ちネタを語るイベントで、聴くだけの参加者も歓迎している。

それ以前から東京で行われている幾つかの怪談会には参加していたが、どこで語っても好評だった話が「番町」である。

若い頃の私が友人と東京都内の地下鉄に乗ったときに、存在しないはずの〈番町駅〉を目撃した、という内容で『恐怖箱　深怪』（竹書房）に「あとがき――昭和の地下鉄」として収録されている。原題は結末がばれないように選んだものだが、話を聴いた方々が「番町」と呼んで下さるので、イベントではこのタイトルを使うことにしている。

さて、第二回の〈高崎怪談会〉を行う前のこと。

宣伝を兼ねて地元FMラジオの番組に出演させていただくことになり、そこで私は「番町」を語った。そして放送終了後、番組を聴いて下さったという同じ群馬県在住の男性から、メールで次の話を伺った。

「僕も〈番町〉の話と似たような体験をしたことがあるんです。いや、それは現在進行形で続いている、と言ったほうがいいのかもしれません。

地元の町でのことです。僕が子供の頃に通っていた小学校近くの裏通りに駄菓子屋さんがありました。そこは古くて小さな木造の建物でした。僕は昭和五十五年生まれですから、昭和の終わりから平成の初め頃にかけてのことなんですが、町の中でそこだけが別世界といいますか、今思うと、映像や写真で見たことがある昭和三十年代頃にタイムスリップしたような風景がありました。

薄暗い店内には、いつも駄菓子の甘い香りや香ばしい匂いが立ち込めていました。古臭い感じがするけど、値段は安いし、よそでは売っていないオモチャもあって、多くはクジ引きになっていました。物珍しさとクジ引きを当てるスリルが楽しくて、よくその店に通ったものです。店主のほっそりした、おとなしそうな小母さんの顔もよく覚えています。

ところが……。

大人になってから懐かしくなって、また行こうとしたのですが、どうやっても行けないのです。駄菓子屋さんがあったはずの場所には、現代風の一軒家が建っていました。初めはてっきり店をやめたか、引っ越ししたのかな、と思ったのです。

そこへ、ちょうどその家から箒と塵取りを持ったお婆さんが出てきて、道を掃き始めたので訊いてみたら、

『うちは五十年以上前からここに住んでいて、家は一度建て替えましたが、お店をやっていたことはないですよ』

と、言うのです。

確かに、見覚えのある小母さんの顔ではありませんでした。不思議に思って地図で確認してみても、道をまちがえているわけではありません。その界隈には子供の頃からの友達や顔見知りが大勢住んでいて、一緒に駄菓子屋さんへ行った記憶があるので、彼らにも訊いてみたのですが、

『さあ……？　そんな店、行ったことねえなぁ』

『あの裏通りなら、学校帰りに毎日通っていたけど、見た覚えがねえよ。別の店とまちがえてるんじゃねぇ？』

などと、誰もが答えるのです。

あの駄菓子屋さんは何だったのか、僕にとっては未だに謎のままとなっています」

目次

廃バス置き場

昔、群馬県の小都市で起きたことである。翔子が住む町には広い空き地があり、廃車になったバス五台が放置されていた。外装の塗料が剥がれて錆だらけになったバスもあって、前を通ると昼間でもどこか薄暗い感じがする。そのせいか、「あそこは出る」と噂されていた。

翔子が高校二年生の夏休みのこと。仲間を集めてそこへ探検に行くことになった。彼女は女子校に通っていたが、男子校の生徒も加わり、総勢十人となった。その中には一年生の清美もいた。部活の後輩だったが、とても臆病で同行するのを嫌がっていた。それを、

「あんたみたいな子がいたほうが盛り上がるんだよ」

と、半ば無理矢理連れ出したのである。

その夜、翔子たちは懐中電灯を持ち、自転車で現場へ向かった。空き地の周りに塀や柵はなかったが、四台のバスはドアが閉まっていて、車内に入れないようになっている。しかし最も汚れた一台だけは、前方にある中折れ式のドアが開いていた。他の侵入者に壊されたらしい。そこから入ってみよう、ということになった。

「あたし、嫌です！」

清美は目を丸くして頭《かぶり》を振った。だが、そんな彼女を翔子は詰った。

「ここまで来て一人だけ入らないなんて、駄目に決まってるでしょ」

腕を引っ張るようにして清美を車内に引き込んでしまう。清美も諦めたのか、抵抗はしなかった。車内に入ってみると、意外と汚れておらず、不気味な雰囲気は漂っていない。何か怪しいものが見える、ということもなかったのだが……。

「やっぱりここ、怖いです。絶対に何かいますよ……」

清美だけが浮かない表情をしていた。

しばらく車内にとどまって様子を見たものの、何も起こらなかった。

「あーあ、これだけじゃあ、面白くないわね」

このときふと、翔子はつまらぬいたずらを思いついた。

(清美だけを残して全員がバスから降りたら、どんな反応をするのか見物だわ)

そろそろ引き揚げよう、ということになったとき、翔子はわざと懐中電灯の光を床に向けた。

「あっ、さっきどこかにペンを落としちゃったみたい。清美も一緒に探してよ」

「えっ……」

「大丈夫よ。私は最後までここにいるから。奥のほうを見てきてくれない」

他の仲間たちはバスから降り始めていたが、清美は逆らえず、嫌々ながらバスの最後尾まで向かう。他の仲間が全員降りたのを確認すると、翔子はバスから一気に駆け下りた。

「わっ、一人にしないで下さい！」

清美は必死に追いかけてきた。翔子は清美が出てきたところで「あははっ、引っ掛かった！」とからかうつもりであった。

ところが、次の瞬間――。

それまで開いていたドアが、音を立てて独りでに閉まったのである。翔子や仲間たちは愕然とした。

「やだっ！　ここ、いますよう！」

清美は懸命にドアを開けようとしていたが、開かないらしい。

「出してっ！　開けて下さい！　早く出してえっ！」

ドアガラスを必死に叩いて叫んでいる。顔が歪んで、今にも泣き出しそうだ。

翔子はどうすることもできず、息を呑んで棒立ちになっていた。

「わかった！　押してみよう！」

「ドアから離れて！」

大柄な男子二人が進み出た。「いっせーの！」と力を合わせて中折れ式のドアを内側へ押し始める。その直後であった。

清美の断末魔を思わせる悲鳴が聞こえたかと思うと、男子二人は前のめりに転倒した。何と、一瞬のうちにバスが消えてしまったのである——。

「な、何よ、何よ今の!?」

翔子はバスがあった場所に立って四方を見回したが、そこは何もない空間に変わっていた。誰もが狼狽して黙り込んでしまう。喋れるようになるまでに数分かかった。

「……どうしよう!?　わ、私、大変なことをしてしまった……」

翔子は皆と一緒に近くを捜したが、清美はどこにもいなかった。

「とにかく、両親に知らせよう」

誰かがそう言い出した。当時はまだ携帯電話がなかったので、公衆電話がある場所まで向かい、翔子は震えながら清美の家に電話を掛けた。

母親らしい女性の声が出たという。翔子はどもりながら一部始終を説明して「ごめんなさい。本当にごめんなさい」と半泣きになって繰り返した。けれども母親は笑って、

「清美なら夕方から家にいますよ。今、代わりますね」

「もしもし、先輩」本人が電話に出た。「あたしは夕方から家にいましたよ」

呑気そうに笑っている。

翔子は仲間たちに事情を伝えて顔を見合わせた。誰もが唖然とするばかりだったが、

「でも、無事で良かったわ……」

そう考えることにして、いや、半ば考えることを諦めて帰路に就いた。

しかし、翌日以降、清美は部活に姿を見せなかった。家に電話を掛けても誰も出ない。

二学期になると、清美が夏休みの間に学校を退学していたことが判明した。それを知った翔子は腑に落ちなかったので、住所を調べて家を訪ねてみることにした。

苦心して家を探し当てると、そこは空き家になっていた。隣家に住む女性に訊いたところ、父親の借金が原因で家族とともに夜逃げをしたらしい。

「あの……いなくなる前に、清美とお会いしたことは、ありましたか？」

「いいえ。……そういえばあの子、夏になってから見てなかったわねえ」

その後、翔子は明るい時間帯を選んで何度か仲間たちと例の廃バス置き場へ様子を見に行ったことがある。そこへ行けば、清美がバスごと戻ってきているような気がしたからだ。

だが、あのバスも清美も、消えたまま戻ってくることはなかった。

越光寅彦

四十代の女性星野さんは、五年前から職場へバス通勤をしている。ある日の夕方、仕事を終えた彼女は帰宅しようと、いつものバスに乗ろうとした。その車体は檸檬色に白いラインが塗装されているのだが、なぜかこのときは全体が赤みがかって見えた。

（汚れているのかな……？）

乗ってみると、見慣れた顔があった。

「あら、こんばんは！」

運転手は夫の従兄の越光寅彦《こしみつとらひこ》さんであった。彼はかつて警察官だったが、少し前に定年退職したと聞いている。星野さんは、バスの運転手に再就職したんだな、と咄嗟に考えた。しかし、運転手は軽く会釈をしただけで笑みを浮かべもしない。

（仕事中だからかしら？　邪魔しないほうが良さそうね）

星野さんはそれ以上、彼に話しかけるのは控えた。

翌日も同じ会社のバスに乗ったが、車体はいつも通りの色をしていて、運転手も越光さんではなかった。

それから一週間後のこと。

星野さんが仕事帰りにバスに乗ろうとすると、また車体の色が違って前回よりも赤みを増しているように見えた。

乗ってみると、運転手は越光さんである。彼が胸に〈越光寅彦〉と記された名札を付けていることも確認できたが、挨拶してもやはり無言の会釈しか返ってこない。彼は元来、会えば向こうから話しかけてくる気さくな人物なので意外に思った。まるで別人なのだ。

そしてバスから降りた途端、星野さんは我が目を疑った。

バスの車体が鮮血を浴びたように真っ赤に塗り潰されていたのである。

奇妙に思って御主人にこの話をすると、

「えっ、寅さんがバスの運転手に？　……そんな話は聞いてないけどなぁ」

越光さんは広い田畑を所有する農家の跡取りで、以前は休日に年老いた両親の手伝いをするだけだったが、今は専業農家になっているはずだという。

星野さんはますます不可解に思った。

それから半月後に親戚の法事があって、越光さんとその妻もやってきた。星野さんはこのときとばかりに確認してみたが、意外な答えが返ってきた。

「それは俺じゃないよ。他人の空似じゃないのかい」

だが、半月前に見た名札には確かに彼の名前があった。それに〈越光〉という苗字はこの辺りでは珍しい。電話帳にも他に載っていないほどで、親戚中でも彼の家しかないのだ。〈寅彦〉という名前も昨今、多くはないだろう。星野さんがそのことを述べると、越光さん自身も「そうだね。何だか気味が悪い話だね」と渋い顔をした。

ところが、それからまもなく越光さんは失踪してしまった。妻宛てに『すまない』と一通だけメールを送って、突然行方を晦ましたのだという。

彼は実直な人物だったので誰もが驚き、訝しく思った。彼の妻は法事の席で星野さんから聞いた話を覚えていたそうで、例のバスを運行している会社を訪ねると、事情を詳しく説明して行方を問うた。けれども、人事担当者からの返答は、

「当社の運転手にその方はいません。過去にもいませんでしたよ」

というものであった。

星野さんは現在も同じバスで通勤しているが、バスが赤く見えることも〈越光寅彦〉の名札を付けた運転手と会うことも、あの日以来ないそうだ。

謎の警官

〈高崎怪談会〉の参加者から伺った話である。群馬県東部にお住まいの晴美さんは、結婚すると実家の近くにアパートを借りて住み始めた。その部屋は寝室のベッドの脇に窓があった。

ある夜、彼女の御主人が先に寝ようとしてベッドに入った。電灯は消してある。目を閉じて仰向けになっていたが、不意に窓ガラスが音を立てて揺れ始めた。

（風かな……？）

群馬県は一年を通して強い風が吹く日が多い。御主人は慣れているが、このときは何となく気になって目を開け、遮光カーテンを閉めてある窓のほうを見た。

と、そこへ――。

いきなり遮光カーテンを突き抜けて、男の生首が現れた。窓と垂直になる格好で、上から御主人の顔を覗き込んできたのである。寝室は真っ暗なのに、なぜか男の顔が明瞭に見えた。五十がらみの角張った顔をした男で、肌は浅黒く、紺色の帽子を被っている。

御主人が驚いて跳ね起きると、男の生首は消え失せたのだが……。

「また来るからな」

という太い声が、窓の外から聞こえた。

すぐにカーテンを捲ってみたが、窓のサッシには鍵が掛かっている。外を見ても、誰もいなかった。

そんなことが一年ほどの間に都合三度起きた。忘れた頃になって、また起こるのである。

男が被っていた帽子には金色の旭日章が付いていて、警官のようだったという。


やがて晴美さんも自宅で不可思議な体験をするようになった。

夜遅くにアパートの外廊下のほうから、

「すいませーん！　すいませーん！」

と、男の太い声が聞こえてくる。まるで彼女と御主人を呼んでいるかのように。

時計を見ると午前一時過ぎである。訝しく思いながら外を見回したが、誰もいなかった。

それから数日後のこと。

御主人は朝早くに出勤していった。そのあと、午前六時頃のことである。

晴美さんが自宅に一人でいると、玄関の呼び鈴が二度鳴った。四月のことで、既に夜は明けていたが、

（誰だろう、こんなに早く……。お父さんかな？）

同じ町に住む父親が早朝の散歩を日課にしていることから、ついでに立ち寄ったのかと思ったという。

だが、玄関のドアを開けてみると、制服を着た中年の男性警官が立っていた。

「すみませんが、塩を貸して下さい」

奇妙なことを頼まれたので、晴美さんは少し驚いたが、相手は警官である。

（何か緊急の用事で必要なのかしら？）

そうだとすれば、断るわけにもいかない。台所へ行き、瓶入りの塩を持ってきて渡すと、

「どうも！」

警官は敬礼して立ち去った。

ところが、それきり警官は戻ってこない。結局、塩は瓶ごと持ち去られてしまい、返してもらえなかった。夜になって御主人が帰宅してから話すと、

「それ、警官じゃなくて、変な奴だったんじゃないのか？」

御主人は眉を顰めた。

「そういえば……」

晴美さんも疑問に思うことがあった。このアパートは駐車場付きの敷地内に二階建てが

四棟建っている。二人が住む部屋は奥から二番目に当たる棟の、しかも二階にあった。

「何でわざわざ家に来たのかしら？」

「さあ……？　どんな男だった？」

「そうねえ……。五十歳ぐらいで、色が黒くて角張った顔をした……」

「おいおい、それじゃあ俺が見た生首の男みたいじゃないか！」

「あっ、そうね！」

気味が悪くて無性に気になった晴美さんは、翌日、同じアパートの住人たちに訊いてみたが、警官は他の部屋には来ていなかった。早朝だったので、他の部屋の住人たちも在宅していたのに、晴美さん宅だけを訪れたらしい。余計に気味が悪くなった彼女は地元の警察署に電話を掛けた。

「お塩を持っていったお巡りさんがそちらにいたら、返していただきたいんですけど……」

先方からは、それらしい警官に確認して返却させる、との返答があった。

数日後、警察署から電話が掛かってきた。

「周知したのですが、名乗り出る者はいませんでした。本署にはそのような警官はいないものと思われます」

警官の正体は謎のままだという。

流れる

実業家の大山仁さんは、ある観光地で飲食店とホテルを経営している。そして近くの静かな土地に放牧場を持ち、番《つがい》の馬を飼っていた。どちらも栗毛のクォーターホースと呼ばれる品種で、サラブレットよりも小柄だが、がっちりしていて丈夫である。いずれは子を産ませて、趣味と実益を兼ねた小さな乗馬教室を始めたいと考えていた。

乗馬にはイギリスが起源のブリティッシュと、アメリカが起源のウエスタンの、二つのスタイルがある。大山さんは格式にこだわるブリティッシュよりも、自由奔放に乗れるウエスタンのほうが好きで、二十代の半ばから始めて二十年ほど続けていた。

青空が広がる秋の昼下がりのこと。

大山さんは十歳の娘と乗馬に出かけた。彼は牡馬《ぼば》のリキに、娘は牝馬《ひんば》のサクラに乗って、一時間ほど畦道や林道を歩かせる。娘を先に行かせ、大山さんは少し後ろから娘の手綱捌きを見守りながら進んでいた。

馬たちにたっぷりと運動をさせて、さて帰ることになった。その途中、広い草原の真ん中を通る舗装された坂道に差しかかった。道幅は六メートル余り、緩やかな上り坂が百メートルほど続いていて、彼らの他に車や通行人の姿はなかった。

坂のすぐ手前で急にサクラが立ち止まった。娘が脇腹を軽く蹴る。「行け」の合図だが、サクラはまるで動こうとしなかった。

「どうした？」

大山さんは横に並んだが、リキの様子もおかしくなってきた。二頭が足を止めて首を上下に振りながらいななき始めたのである。

（何事だ？）

大山さんが不可解に思っていると、坂の上のほうから青いものがこちらへ飛んでくるのが見えた。

ヤママユガの仲間、オオミズアオに似た、水色の大きな蛾であった。

ただし、オオミズアオよりも二倍は大きく見える。おまけにその身体から燐光を発していて、長さ一メートル以上もありそうな青い光の尾を引きながら、道路の二メートルほど上空を流れるように飛んでくるのだ。

サクラが嫌がって身体の向きを変え、来た道を引き返し始めた。大山さんは慌ててリキに跡を追わせた。娘は手綱をしっかりと握っているが、今にも振り落とされそうだ。

そこへ水色の蛾が飛来する。

サクラはひどく怯えて後ろ足で立ち上がった。娘を路肩の草の上に振り落としてしまう。

リキも興奮しているので大山さんが抑えようとしていると、水色の蛾がサクラの頭上でくるくると回転を始めた。大変な速さで旋回している。

大山さんはやっとリキを静めて地面に降り立った。手綱を握ったまま娘に近づく。

「大丈夫かっ？」

娘はふらふらと起き上がってきたが、虚ろな目をしていて答えなかった。

「動くな！　そこにいなさい！」

大山さんは近くに数本だけ生えている灌木に、リキの手綱を結わえ付けた。

その間に空中を旋回していた青い蛾が舞い降りてきて、サクラの腹の下に飛び込んだ。

サクラがまた後ろ足で立ち上がる。ひと際激しくいないた。

その前足が着地した瞬間、大山さんは機を逃さずに手綱を掴んだ。

素早く横へ回って、跳び上がるように鞍に跨り、手綱を操作しながら「ウォー！」と声をかける。停止の命令だ。

「ウォー！」

何度も声をかけるうちに、サクラは徐々におとなしくなってきた。

大山さんは下馬すると、栗毛の馬体を見回したが、水色の蛾はどこにも見当たらない。

まるでサクラの腹に吸い込まれたかのように姿を消していたという。

娘は落下の恐怖からか、放心状態に陥っていたが、じきに話ができるまでに回復した。アスファルトの路面ではなく、柔らかい草地に落ちたことが良かったらしい。肩を打っていたものの、軽い打撲で済み、乗馬を続けることもできた。

馬たちもすっかり落ち着きを取り戻している。坂道を上って無事に放牧場まで戻ると、もう一度サクラの身体をよく調べたが、外傷はなかった。


それから数日後の朝。

馬たちの世話をしていた大山さんは、サクラの豊かな尾毛に赤みがかった半透明の物体が付着していることに気づいて不審に思った。真後ろに立つと蹴られる恐れがあるので、横から静かに近づき、半透明のものをつまんだ。

グチャリ、という柔らかい感触があって、引っ張ると簡単に抜けた。

「あっ……」

それは粘液に包まれた馬の胎児と胎盤であった。胎児の体長は十七、八センチ。片手に乗るほどの大きさで馬らしい五体ができていたが、まだ体毛が生えていなかった。薄桃色の肌が露出しているので宇宙生物のように見える。もちろん、死んでいた。

大山さんはサクラが妊娠していたことさえ知らなかったので憮然とした。それだけではない。胎児の首には赤黒い血糊がべったりと付着していた。流産の原因を知りたかったので血を水で洗い流してみたところ、鋭い刃物で喉を横一文字に切り裂いたような傷があったという。

その後、サクラは病気に罹ったわけでもないのに、妊娠しなくなってしまった。おかげで大山さんは乗馬教室の開業を諦めざるを得なかったそうである。

クヌギ

中学校の理科教師である島崎さんは、趣味でクワガタムシの採集と研究をしている。六年前、当時二十五歳だった彼は又聞きで「地元県の某地域でオオクワガタが採集された」との情報を得た。オオクワガタといえば、かつては雄一頭が数万円、体長八〇ミリを超えたものは（いればの話だが）数百万円するといわれていた。のちに養殖ものが出回って安価になったが、野生の個体を採集することは今でもマニアの夢や目標となっている。

七月の休日、島崎さんはその地域へ下見に行くことにした。昼間、小型バイクに乗って一人で向かう。

自宅から四十分ほど走ると、県道沿いに大きめの川が流れている。その両岸に低い山々が連なって、雑木林と小さな集落があるだけの長閑な風景が続いている。

彼は山の麓に細い道があるのを見つけた。舗装はされているが、落ち枝が沢山転がっているところを見ると、車はあまり通っていないらしい。

（ここはどうかな？）

島崎さんはバイクでその道に入り、坂を上りながら周りに広がる森を物色していった。

探すのは〈台場クヌギ〉である。

クヌギは薪炭《しんたん》やシイタケ栽培の原木として使われてきた広葉樹で、伐採するとひこばえが出て再生する能力を持っている。そこで地方によっては根元から伐らず、幹の途中から伐ることがある。木を早く再生させるための知恵で、それによって木は幹が太く短く、凸凹した独特の形になる。これを台場クヌギと呼ぶのだが、かつて切り株だった部分に洞ができやすく、フクロウが巣を造ったり、樹液が出ていればオオクワガタが棲み着く。

だが、島崎さんは幾ら坂を上っても良い木を見つけることができなかった。他の雑木に混ざってクヌギが数多く見られるが、樹液が出ている木が少ない。弱っているのか、生木でありながら、幹に茸が生えている木が目立つ。

頂上まで行くと、砂利が敷かれた平坦な土地があり、展望が良さそうなのでバイクを降りてみた。

夏の日差しを浴びた川面が青く輝いている。対岸には鮮やかな黄緑色をした雑木林が広がっているが、台場クヌギがあるかどうかはわからなかった。もっとよく見ようと前進すると、崖の近くに大きな石が沢山転がっていた。苔むして雑草に埋もれかけている。

島崎さんがその上に乗って対岸を睨んでいると、急に線香の匂いが漂ってきたという。煙は見えないが、思わず噎せ返ったほどだ。辺りを見回しても墓地はない。不思議に思いながら足元を見ると、苔と雑草のせいで気づかなかったが、石はどれも直方体をしていて刻まれた文字が残っていた。どうやら廃棄された古い墓石らしい。

（ひょっとして、ここから匂ってきているのか……？）

島崎さんは少し気味が悪くなって墓石の群れから離れた。もっとも、昼間だったし、彼は怪異を信じていなかったので、

（たぶん、墓石に煙の匂いが染みついて残っていたんだろう）

と、分析した。それよりも野生のオオクワガタを早く自分の手で捕獲してみたい。バイクを走らせて対岸へ渡ると、舗装されていない林道を見つけた。

（これは良さそうな場所だな）

バイクで入ってみたところ、数多くのクヌギが生えている。ただ、最近は手入れがされていないのか、竹が蔓延り、昼間でも暗い場所があった。道も荒れていて、百メートルほど進むと土砂や下草によって行き止まりになっていた。

バイクを降りて緩やかな斜面を登る。対岸の森と同じで樹液が出ている木は少ない。

（川沿いの森が全部死にかけているみたいだ……）

雑木林は適度に人が木を伐り、下草を刈ることで陽光が差し込む。それで木々は丈夫に育ち、樹液の出も良くなるのだが、この森は日当たりが悪くて精気を失っていた。薪炭や

シイタケが昔と違って金にならなくなったので、地主が放置しているのであろう。

それでも諦めずに前進を続けると、台場クヌギが四本見つかった。そのうち二本の幹に洞があったので木に登り、持参したペンライトで中を照らす。

入口から樹液が出ていて、いかにもオオクワガタがいそうな雰囲気があったが、発見できなかった。やはり夜に来るしかなさそうである。島崎さんはバイクに戻って、林道から舗装された道路へ出た。

道路の左側は上り斜面、右側は下り斜面になっている。そこで突然、上り斜面の中腹付近から、ザザザッ！ ザザザザ……と、大きな物音が聞こえてきた。島崎さんはバイクを停めてそちらに目をやった。

ザザザザァッ……。

音はまだ続いているが、何もいない。熊や鹿などの大型獣が落ち葉や下草を踏みしだきながら移動している——そんな音であった。倒木や落石は見当たらないし、風も吹いていない。

今度は先程と違って、ぞくりと寒気を覚えたが……。

じきに音はやんだ。

（何だったんだろう？ まるで目に見えないものがいたような……）

帰路に就いた島崎さんは悩み始めていた。台場クヌギを今夜にでも見に行きたいが、一人で行くのは気が重い。子供の頃と違って、近くに同じ趣味を持つ仲間もいなかった。

ところが、それから一週間後。

同じ町に住む幼馴染みの大野さんが電話を掛けてきた。

「甥っ子が、カブトムシが欲しいっていうんだよ。姉ちゃんの旦那は虫が苦手だから、代わりに僕が捕ってきてあげようと思ってさ。今度、夜の山へ連れてってくれないかねえ」

渡りに船とはこのことである。島崎さんは二つ返事で引き受け、その晩〈台場クヌギの森〉へ大野さんを案内すると約束した。

「じゃあ、自分で使うライトを持ってきてくれ。新しい電池を入れてな」

と、指示することも忘れなかった。

夏の遅い宵闇が訪れると、二人はそれぞれのバイクに乗って出発した。大野さんも中型バイクを所有していたのである。風のない蒸し暑い夜で、月が出ていた。

二人は林道の奥でバイクを降りてライトを点灯させた。大野さんはごく普通の懐中電灯を持ち、島崎さんはヘッドランプを頭に付けて、ペンライトを手にしている。

先程まで天気が良かったのだが、森の中にはうっすらと霧が立ち込めていた。月は雲に隠れている。

一番手前の台場クヌギにカブトムシが七、八頭群れていた。雄同士が、ギチギチッ、と音を立てながら喧嘩をしている。大野さんは喜んで観察を始めた。島崎さんは洞を覗いたが、オオクワガタはいなかった。早く次のポイントが見たくなってくる。

「俺はこの上の木を見に行くけど、どうする？」

「ん……僕はもう少しここを見ていたい」

「じゃあ、俺が戻ってくるまで、ここから動かずにいてくれ」

「うん。わかった」

島崎さんは一人で斜面を登った。第二の台場クヌギに到着して振り返ると、霧の向こうに大野さんが持つ灯りが見える。島崎さんはペンライトを口に咥えて木に登った。ヘッドランプの光線を頼りに、洞の入口の樹液場を凝視すると、蛾がいただけでオオクワガタの姿はなかった。洞の内部を覗こうとしたとき、

「おおい！」

大野さんの大声が響いた。

（馬鹿、こんなときにでかい声を出すなよ！　オオクワは警戒心が強いんだぜ！）

島崎さんは心の中で舌打ちした。

「おおい！　島ちゃん！」

無視してペンライトを片手に、洞の奥を覗き込む。

だが、不気味なマダラカマドウマの大群がいただけであった。

「うへえ……」

虫屋（昆虫採集愛好家）といえども、この類の虫は苦手である。島崎さんは不快感と落胆を覚えつつ、木から降りた。すると、大野さんの灯りが見当たらない。

「ちょっと！　戻ってきてくれようっ！」

同じ方角から声だけが聞こえてくる。何やら切迫した口調であった。

「どうしたあ!?」

「おおい！　島ちゃん！」

「ここにいるよっ！　何かあったのかっ!?」

大野さんからの返答はなかった。どうやら島崎さんの声が届いていないらしい。島崎さんは慌てて大野さんの傍へ行こうとした。

しかし、先程の台場クヌギの前まで引き返してみても、大野さんの姿はなかった。

「どこにいるんだ!?」

「おおい！　早くっ！　早く来てくれえ！」

悲鳴に近い大声だけが、目の前の暗闇から響いてくる。

島崎さんは飛び上がらんばかりに驚いて、すぐに木の周りを見回したが、大野さんはどこにもいなかった。それきり彼の声は途絶えてしまった。

島崎さんは声を張り上げて何度も大野さんを呼び続けた。けれども一向に返事がない。斜面から転げ落ちたのではないか、と辺りを入念に捜し回ったものの、大野さんを発見することはできなかった。

霧が濃くなってくる。携帯電話で連絡を取ろうとしたが、電源が切られていた。

(どうしよう。警察を呼ぶべきか？　それとも家族に知らせるのが先か……)

島崎さんは大野さんの自宅にも電話を掛けた。だが、両親は眠ってしまったのか、誰も出ない。やむなくバイクを停めた場所まで戻ってみると、大野さんの中型バイクが停まっていた。まだこの森の中にいることは確かだ。

(もう一度捜してみよう)

ところが――。

島崎さんは急に激しい眩暈《めまい》と動悸《どうき》に襲われ、倒れそうになった。近くの木に凭れ掛かって必死に歯を食い縛る。
二、三分耐えていると、眩暈と動悸は治まってきたが、頭も顔も汗びっしょりになっていた。そして、そのとき――。

ザッ、ザッ、ザッ、ザッ、ザッ……。

ザザザッ、ザザザッ、ザザザザザッ……。

ザッ、ザザザザッ、ザザザザザザァッ……。

斜面の上から落ち葉や下草を踏む大きな足音が近づいてきた。前に聞いたのと同じ音である。あちらこちらから聞こえてくるので大勢いるらしい。荒々しい息遣いや、何と言っているのかわからないが、人の話し声も聞こえてくる。ヘッドランプの光を夜霧に向けても、相手の姿は見えなかった。

(取り囲まれる!?)

島崎さんは身の危険を感じた。背中の上部に生じた悪寒が、全身に広がってゆくのを自覚する。慌ててバイクに跨ると、

「必ず戻るから！　待っててくれっ！」

どこかにいる大野さんまで届くように叫んだ。

バイクのエンジンを掛けて発進させる。頭の中がひどく混乱していた。

林道から逃げ出してしばらく走ると、営業中のコンビニや飲食店の灯りが見えてきたが、助けを求めることも思い及ばず、大野さんの自宅まで一気に走った。

一戸建ての大野家の前に着いたのは、午後十一時近くで灯りは点いていなかった。両親は既に眠っているようで、呼び鈴を鳴らしても出てこない。

門前で困り切って立ち尽くしていると、静まり返った住宅地にバイクのエンジン音が響いてきた。見慣れた中型バイクが走ってくる。

何と、大野さんが乗っていた。

「良かった！　無事だったのか！」

島崎さんが駆け寄ると、大野さんはバイクから降りてヘルメットを外した。

「ひどいなぁ。何で一人で帰ったんだい？」

街灯の光が仏頂面を浮き彫りにしている。

島崎さんは唖然としながらも、何があったのかを訊ねた。

「急に懐中電灯が点かなくなったんだよ。新しい電池を入れてたのに……。危ないからカブトがいた木から動かずにいたんだ。大声で何度も呼んだのに、何で無視するのさ？」

「いや、カブトがいた木の周りなら隅々まで捜したぞ」

「嘘だ！　僕はずっとあそこにいて、島ちゃんを呼び続けていたんだ。なのに、先に帰るなんて……。おかげでカブトも捕り損ねたじゃないか！」

森の中では島崎さんのバイクのエンジン音は聞こえず、助けに来ないので諦めて自分のバイクへ戻ることにしたそうだ。

「灯りがなくて霧も出ていたのに、よくバイクを見つけられたな」

島崎さんが疑問を口にすると、大野さんは小首を傾げた。

「そういえば不思議だね。よく覚えてないんだよ。気がついたらバイクに乗ってたんだ」

どうも話が噛み合わない。島崎さんは大勢の足音が迫ってきたことも話してみた。

「風の音か、鹿か何か、動物の足音だろう。僕は聞いてないよ」

「風なんか吹いていなかったぞ！　それに幾ら霧が出ていたからって、獣の群れなら一頭ぐらいは姿が見えそうなものじゃないか！」

次第に島崎さんも不愉快になってきて、和解できないまま帰宅した。


それから数日後、大野さんに異変が起こった。彼は同じ市内にある大企業の工場で技術者として働いていたのだが、突然仕事を放り出して帰宅してしまったのだ。翌日から無断欠勤を繰り返すようになり、心の病と判断されて休職扱いになったという。

この話は島崎さんの耳にも入った。同じ工場で近所の主婦がパートをしていたことから、すぐに噂が広まったのである。島崎さんは心配して大野さんの家を訪ねたが、何かに怯えて部屋に引きこもっているそうで「誰にも会いたくない」と拒絶された。

（あいつが変になったのは、俺が台場クヌギの森に連れていってからだ）

責任を感じた島崎さんは大野さんを治す方法を考えた。思えば、異変は夜の森に入る一週間前、対岸の山で彼が墓石を踏んでから始まっていた。他に思い当たる原因はない。

（あの墓石に謝ってこよう。線香や花を供えて真剣に手を合わせれば、許してもらえるかもしれない）

島崎さんは次の休日、朝から件《くだん》の山へ向かった。大野さんに異変が起きてから一ヶ月余りのちのことである。

ところが、現地へ行ってみると、山に入る道が見つからなかった。記憶にある場所には森が広がっているばかりなのだ。川沿いの県道を何度も往復してみたが、やはり見つからない。もしも廃道になったのだとすれば、道の入口に柵が設けられて〈進入禁止〉の立札があるはずだし、土砂崩れで道が消滅したのだとしても、痕跡くらいは残っているだろう。それに最近この辺りで自然災害が発生したという話は聞いていない。

近くに小さな畑があって農夫がいたので訊ねてみると、怪訝な顔をされた。

「そんな道路は知らねえなあ。昔からなかったよ」

後日、地図で調べてみたが、あの舗装道路は描かれていなかった。

大野さんはそれから一年近く経っても引きこもりの生活を続けていた。両親に付き添われて心療内科医院へ通っていたが、なかなか職場に復帰することができなかったらしい。そして彼は、夏の夜に忽然と家族の前から姿を消した。バイクを家に残していなくなったのだ。朝になって彼の不在に気づいた家族は方々を捜し回った。

島崎さんも「そちらにお邪魔してないかしら？」と母親から連絡を受けて事態を知った。警察に捜索願いが出されたが、次の朝になっても大野さんは発見されなかった。そこで島崎さんは、ひょっとしたら……と思い至ったという。

台場クヌギの森だ。

できれば二度と行きたくない場所だが、そうも言ってはいられない。島崎さんは大野さんの家に行き、両親に初めて詳しい事情を打ち明けた。信じてくれるか不安ではあったが、両親は真面目な顔をして話を聞いてくれた。

「そう言われてみれば、一度妙なことがあったな……」

と、父親がこんな話をした。

今はよそに嫁いでいる大野さんの姉が、五歳の息子（大野さんにとっては甥）を連れてきたときのこと。甥は大野さんによく懐いていて、この日も一人で彼の部屋に入っていったのだが、すぐに飛び出してきた。

「こわいよう！」

姉が「どうしたの？」と訊くと、

「おばけ！　おばけがいるよう！」

甥は幼いためにどのような姿をしたものがいたのか、具体的に説明することができないようで、それだけ言うと泣き出してしまった。姉が部屋の様子を見に行ったが、大野さんが床に寝転んでいるだけで他には何もいなかった。それ以来、甥は怯えて大野さんに近づこうとしなくなってしまったという。


「島崎君、その森へ案内してくれないか」

父親から頼まれた島崎さんは仕事を休むことにして承諾した。大野さんが自力で帰ってくる可能性もあるので母親は家に残り、父親が運転する車で森へ向かう。

到着した林道は以前にも増して荒れており、入口に車を停めて歩くしかなかった。

島崎さんが先に立って森の奥へ進むと――。

去年の夏にカブトムシがいた台場クヌギの前に、ジャージ姿の大野さんが座り込んでいた。地面に両足を投げ出して、どんよりと濁った目をしている。近づくと羽音とともに蠅が一斉に飛び立ち、悪臭が漂ってきた。小便を漏らしていたのである。肩を叩いて呼びかけても反応がなく、紙のように真っ白な顔をしていた。

島崎さんと父親は両脇から大野さんを抱えて車へ運び、救急病院へ向かった。

しかし、大野さんはひどい脱水症状で衰弱が激しく、その日のうちに亡くなってしまった。

自宅や森の中には何者かに連れ去られたり、争ったりした形跡は見られなかったことから、事件性はなく、死因は熱中症とされている。ただし、彼がなぜバイクで四十分もかかる森まで歩いていったのか、そこでどんな目に遭ったのかはわかっていない。

島崎さんはそれ以来、この台場クヌギの森へは足を踏み入れていないという。

魔橋

東京の大学に通う白川夏歩さんが夏休みに郷里へ帰省したときのことである。実家で読書をしていると、蒲生《がもう》尚彦から携帯電話にメールが送られてきた。

『久しぶり。今夜肝試しに行くんだけど、来ないか？　井上と広木も来るよ』

夏歩さんにとって尚彦と井上海斗、広木佐央理は高校時代の同級生である。部活が同じ文芸部で仲が良かった。海斗と佐央理は東京にある大学へ進学したため、今でもたまには会っているが、地元で就職した尚彦とは一年以上会っていない。夏歩さんは肝試しに興味があったし、久々に尚彦の顔を見たい気もして承諾した。車は彼がセダンを出すというので、午後八時にファミリーレストランに集まることになった。

夏歩さんの記憶にある尚彦は、色白で小柄なおとなしい少年だったが、再会した彼は日に焼けた逞しい風貌の青年に変わっていた。おまけによく冗談を言って皆を笑わせる。四人で食事をしながら一時間余り話した後、いよいよ肝試しに向かうことになった。行き先は最近、心霊スポットとして地元で知られるようになった橋である。

夏歩さんもその場所の噂は聞いたことがあったので、現地へ近づくにつれて緊張感と期待感が高まってきた。

到着した橋は山間《やまあい》の渓谷に架かっていて、長さ百数十メートル、欄干は赤く塗装され、車一台分の車道と片側に歩道が造られていた。袂近くに道路が少し広くなった場所があったので、尚彦はその路肩に車を停めた。下車して、街灯に照らされた橋の上を歩き出す。午後十時を過ぎたせいか、他に人気はなく、車も通っていない。

尚彦は前に一度来たことがあるそうで、説明を始めた。

ここは近年自殺が相次いで起きていて、川底までは五十メートルもあるし、岩だらけで落ちればまず助からない、などと語る。自然と彼が先頭に立ち、後ろに三人が横並びに進む格好となった。噂では女の幽霊が橋の上に出るらしいが、今のところ見当たらない。空気がひんやりとしていて心地好かった。

橋の中央付近まで来たとき――。

尚彦が急に立ち止まって俯いた。こめかみの辺りを押さえて唸っている。

海斗が心配そうに肩を叩いた。

「おい、どうした?」

尚彦が顔を上げ、いきなり海斗の喉を鷲掴みにした。

海斗が喉から、ぐふっ、という音を漏らして顔を歪める。尚彦は手摺りに向かって海斗を投げつけた。背中を強打した海斗は呻きながら尻餅をついてしまう。

「やだ、大丈夫っ⁉」

佐央理が駆け寄ったが、

「……痛い！」

尚彦が背後から彼女の長い髪を掴んでいた。手摺りに荒々しく押しつける。

尚彦は海斗の胸倉を右手で掴んで立ち上がらせると、左手で佐央理の胸倉も掴んだ。そのまま強く押して手摺りの向こうへ落とそうとする。二人の悲鳴が上がった。

「やめて！」

夏歩さんは間に割って入ろうとした。

「何するのよっ⁉」

尚彦は答えず、声を立てて笑い出した。その目が怪しく光って、先程までの柔和な顔つきとは明らかに違っていたので、夏歩さんはぞっとした。

（とり憑かれた……？）

手摺りの高さは一メートル二、三十センチしかない。海斗と佐央理は上体を反らせて苦しがっていた。二人ともシャツが捲れ上がって腹が丸見えになっている。落とされまいと手摺りに片腕を回し、もう片方の手で懸命に尚彦を押し返そうとしていた。海斗が尚彦の脛を何度か蹴ったが、尚彦は気が狂ったように笑っている。まるで効いていないようだ。

「蒲生君！　よして！」

夏歩さんは背後から尚彦の腰に両腕を回して必死に引き戻そうとした。だが、まるで歯が立たない。捕まっている二人の足が少しずつ宙に浮き始めた。

（駄目だ……。このままだと落とされちゃう）

夏歩さんが絶望しかけた、そのときであった。

不意に横手から大勢の話し声が聞こえてきた。見れば、やはり肝試しに来たのであろう、大学生風の男女が十人近くこちらへやってくる。

「助けてええっ！」

夏歩さんはありったけの声を搾り出して叫んだ。

「早くうっ！」

「何だろう？」

若者たちが近づいてくると、尚彦は両手を離した。

海斗と佐央理が激しく咳き込みながら尻を落とす。

尚彦が「ふっ」と鼻で笑ってから駆け出した。若者たちが来るほうへ走り去ってゆく。

「どうかしたんですかあ⁉」

尚彦と擦れ違った若者の一人が、強張った表情で声をかけてきた。

「すみません、助けて下さい！」

夏歩さんは上擦った声で経緯《いきさつ》を説明し、彼らに協力を求めた。このままだと尚彦の身が危ないと思ったからである。

ところが、その若者は首を傾げた。

「いいえ。俺らは誰とも擦れ違ってませんよ。……なあ」

彼の仲間たちが頷く。

夏歩さんは呆気に取られた。そこへ海斗と佐央理が青ざめた顔をして、ふらふらと立ち上がってきた。そして海斗が掠れた声で言い出した。

「あのさ……蒲生って、誰だっけ？」

「何言ってんの。高校からの友達じゃないの、同じ文芸部の」

夏歩さんは答えてから、すぐに思い直した。

「あれ……？　言われてみれば、そんな人、いたかな？」

「いなかったわよね。文芸部にも高校にも、蒲生尚彦なんて」

佐央理も不思議そうに首を傾げている。

それなのに夏歩さんたちはつい先程まで〈以前からそんな人物が確かにいた〉と思っていたのだ。わけがわからないまま駐車場へ行ってみると、尚彦のセダンはなかった。

「あっ！　これ、うちのお兄ちゃんの車だわ！」

停まっていたのは佐央理の兄のコンパクトカーであった。車のキーも佐央理が持っていたので帰路は佐央理が車を運転することになった。彼女は三人の中で唯一、運転免許を持っているのだが、兄の車を借りた覚えはないという。どうやら、ちょうど兄が仕事で遠方に出張していたのを良いことに無断で乗ってきたらしい。だとすると、往路も佐央理がこの車を運転してきたことになるのだろうが、三人には尚彦がセダンを運転していた記憶しかなかった。

「じゃあ、昼間のメールって、誰から来たのかしら？」

車内で夏歩さんが二人に訊ねると、海斗と佐央理も昼間、携帯電話にメールが送られてきて肝試しに誘われていたことが判明した。

「メールを見たときには、確かに蒲生って奴がいた気がしてたんだよな……」

助手席の海斗が告げる。

彼がその時間の受信メールを調べると、送り主は佐央理になっていた。夏歩さんへは海斗から、佐央理へは夏歩さんがメールを送っていた。しかも最初の送り主は夏歩さんであたことがわかった。けれども夏歩さんはこの日、佐央理にメールを送った記憶はなかったし、他の二人も同様であった。

三人は無事にそれぞれの実家へ帰宅したが、夏歩さんは心の中に広がった怖気《おぞけ》をなかなか抑えることができなかった。どうして過去にあの橋へ行ったこともない彼女たちが狙われたのか、理由がわからない。そして彼女は今でも、

（あの男がまた友達のふりをして現れたら、次はどうなるんだろう？）

と、気になって仕方がないそうだ。

朝の滝壺

中川さんはある朝、目が覚めると水の中に浮かんでいた。頭上から大量の水が落下する音が聞こえてくる。

滝だ。

彼は滝壺の端に当たる、水の流れが澱んだ場所に仰向いて浮かんでいたのである。

（ここはどこだ？　俺は何でこんな所にいるんだろう？）

身体の向きを変えると、川底に何とか足が届いた。岸に上がろうとしたが、周りの岩場は急斜面で苔が生えており、登ろうとすると、足が滑ってまた滝壺に落ちてしまった。中川さんはパジャマ姿で革靴を履いていたのである。

下流に赤い橋が見えた。それで思い出した。あれは最近、飛び込み自殺が相次いで起こり、心霊スポットと噂されるようになった橋だ。おそらく中川さんが住んでいるアパートから五キロは離れている。

下流へ向かって泳ぐと、浅瀬に出たので岸に上がることができた。

昨夜のことはよく覚えている。午前八時開始の仕事をしている彼は、午後十時にはベッドに入って眠っていたはずだ。なぜこんな所にいるのか、理由がわからなかった。

（とにかく、帰らなければ……）

今日も午前八時から仕事があるのだ。小道を見つけて橋の上に出た中川さんは、舗装道路を歩き始めた。地元なので道はよく覚えている。ただ、自宅まで歩くと一時間はかかることだろう。集落に入れば人目を避けることはできない。太陽の位置を見るとまだ早朝らしいので、急いで帰ろうとしたものの、数台の車や数人の歩行者と出会ってしまった。親しい者はいなくて話しかけられることはなかったが、びしょ濡れのパジャマ姿だけに、ひどくばつが悪い思いをした。

（夏なので助かったな）

寒い時期なら、自宅に到着する前に凍死するかもしれない。

やっと自宅のアパートまで到着したが、ドアには鍵が掛かっていた。その鍵を持っていないことに気づく。川の中に落としたのだろうか？　幸い、大家が隣に住んでいるので頼むことにした。

「僕にも何が何だかわからないんですけど、目が覚めたら滝壺にいたんです。合い鍵を貸して下さい」

いざ説明してみると、俺は狂ってしまったのではないか、と情けなく思えてくる。大家が訝しげな顔をしたことは言うまでもない。中川さんは下戸なので酒を飲んでいたわけでもなかった。

(眠っている間に何者かに連れ去られたのだろうか？)

だが、大家に見てもらったが、顔や頭に殴られた痕はないという。確かに身体のどこにも痛みはない。部屋に入ればドアの鍵があり、今度は誰がどうやって閉めたのだろう、という疑問が湧く。室内はいつものままで異状はなかった。また、あの滝壺の岸辺は革靴で歩き回れる場所ではない。下流の浅瀬には川に入れる場所があるが、中川さんはそこよりも上流に浮かんでいた。

(俺はどうやってあそこまで行ったんだろう？)

まったく思い出せない。

時計を見ると、午前六時過ぎである。服を着替えていつも通りに出勤した。

しかし、それから三日後の朝。

中川さんはまたもや早朝に同じ滝壺で目を覚ました。

(夢遊病なんだろうか？)

病気であることも心配だし、パジャマ姿で濡れ鼠になって一時間も歩いて帰るのは敵わない。不安になった彼は、翌日から当分の間、同じ町内にある実家で寝泊まりすることにした。両親と兄夫婦に事情を話し、玄関の合い鍵は持たないことにして父親に預けた。

「そんなことが……？」

父親は口を開けて唖然としながらも鍵を受け取る。実家は一戸建て住宅で、出入りできる場所は多いが、夜はそのすべてに鍵を掛けて眠ることにした。

ところが、一週間ほどすると、彼はまたしても滝壺で目を覚ましたのである。これまでと同じようにびしょ濡れの姿で実家まで歩いて帰った。今度は一時間十五分もかかった。

実家に入ろうとしたところ、玄関のドアはもちろんのこと、家中のドアや窓に鍵が掛かっている。呼び鈴を鳴らすと、母親が出てきて叫んだ。

「朝から何やってるんだい、おまえ……!?」

「だから、この前話したことが起きたんだよっ」

騒ぎを聞きつけて父親や兄夫婦が集まってきた。

「誰か玄関のドアに鍵を掛けた？」

「そりゃあ、昨夜、俺が帰ってきたときに掛けたぞ」

中川さんの問いかけに父親が答える。

「そのあとドアが開いていなかった？　で、誰かがもう一度鍵を掛けた？」

家族の誰もが首を横に振る。

「じゃあ、窓とか、勝手口は？」

「昨夜鍵を掛けて、ずっとそのまんまだよ」

母親が答えた。今度は家族の誰もが頷く。

実家にいても防ぐことができないらしく、その夏のうちにもう一度、同じことが起きたので、中川さんは諦めてアパートへ戻った。

まもなく同じ川の下流で女性の遺体が発見される騒ぎがあった。自殺とされたものの、

(俺と同じ目に遭った人なのかも……。次は俺の番かもしれない)

中川さんは震え上がった。

それから三年が経ったが、この現象は依然として発生している。今では年に一度、忘れかけた頃に起こる。決まって夏の間に起きているからまだ良いのだが、

(冬に起きたらどうなるんだろう？)

それを考えると、ひどく憂鬱になるそうだ。

ナマズ狩り

ナマズは美味い魚である。見た目に似合わず、さっぱりしていて癖がない。天婦羅、薄造り、たたき揚げ、蒸し鍋など、どれも行ける。

「こないだ初めてアンコウって奴を食べたけど、俺はナマズのほうがよっぽど美味えと思うな」

現在八十二歳の亀沢さんはそう語る。これは彼から聞いた話だ。

亀沢さんが住む内陸の町には、戦国時代に造られたといわれる大きな用水路が流れている。かつては両岸を石垣で固めただけで、底は泥や砂礫のままだったことから多くの魚が棲んでおり、地元では東京の江戸川と同じ〈大川〉の愛称で親しまれていた。しかし、昭和五十年代に大規模な工事が行われ、コンクリートの三面張りで川幅も狭い〈ドブ川〉に変えられてしまった。以来、水質が悪化して魚影は極端に薄くなった。

その頃、亀沢さんは四十代の後半であった。理髪店を経営していて趣味は魚釣り、妻帯者だが、子供はいない。そのせいか、気が若くて奇抜なことをやるのが好きだったという。

春のある日、彼は店の中から何気なく道路を眺めていて、昭和四十年頃までそこに大川の支流があったことを思い出した。水路は埋め立てられずに今も地下を流れているらしい。

(あんな工事をやる前は石垣の間にナマズやウナギがいて、面白えように釣れたもんだ。あいつらは暗い所が好きだから、もしかして、この道路の下に隠れてるのかもしれねえな)

そう考えると、無性に暗渠《あんきょ》へ入ってみたくなってきた。入口を探したところ、店の近くの歩道にあるマンホールが下水道用ではないようだ。そこには四角くて大きなコンクリートの蓋が被せてある。

深夜、人通りが絶えた頃を見計らって調べることにした。

鉄製のフックを使ってマンホールの蓋を開ける。懐中電灯で中を照らすと、壁に梯子が取り付けられていた。糞尿の臭いはしない。まちがいなく大川の支流である。灯りを水面に向けると、水底まで覗くことができた。水深は四十センチ程度か、さほど深くはなさそうだし、魚が泳いでいる。二、三十センチの小物だが、ナマズがいた。

(やっぱり俺の思った通りだ。タモがありゃあ幾らでも捕れるぞ)

この夜からナマズ狩りが、彼にとって無類の道楽となった。頭にヘッドランプを付けて右手にタモを持ち、腿まである長靴を履く。そして腰に網魚籠を提げて暗渠へ入る。

とはいえ、深夜でも稀に通行人がいるので、落下したら大事に至る恐れがあった。そこで亀沢さんは妻に見張りを頼んだ。通行人が来たらマンホールの蓋が開いていることを知らせて迂回させる。嫌な役目だが「二十分、いや、十五分でいいんだよ」と説得した。幸い、通行人と会うことはほとんどなかったという。

さて、暗渠へ降りた亀沢さんは、わずか十分の間に六尾のナマズと一尾のウナギを捕獲した。そのうち五十センチ級のナマズが四尾もいた。水中には天然の川と違って隠れ家となる石や流木が少ない。日光が当たらないので水草も生えていなかった。暗渠そのものが絶好の隠れ家なのだが、暴いてしまえば人間に有利、魚に不利な環境だったわけである。

亀沢さんはナマズとウナギを持ち帰って綺麗な水を張った盥《たらい》に移した。何日か泥を吐かせてから自分で捌いて調理する。友達にも分けてやった。

ウナギは少なかったが、ナマズはその後もよく捕れた。美味いので夫婦そろって病みつきになり、月に三度は出漁した。それを半年近く続けたそうである。

秋のある夜、その日も亀沢さんは妻を見張りに立たせ、ナマズ狩りを決行した。だが、水中に足を踏み入れたとき、不意に魚の死骸のような臭いが漂ってきた。

(今夜はばかに生臭えな……)

不審に思って四方にヘッドランプを向けてみたが、異状はない。気にしないようにしてナマズを探し始めた。暗渠の中を前進してゆくと――。

突然、十数メートル前方に人影が現れた。

中肉中背の亀沢さんが見上げるほどの長身で、丸々と太っており、灯りは何も手にしていない。亀沢さんは、びくりとして立ち止まった。

相手の全身が真っ黒だったからだ。

「……どうも……」

声をかけてみたが、返事はなかった。

よく見ると、相手は黒い服を着ていたのではなく、全身ぬめりとした肌を露出していたのである。生臭さが激しくなってきた。その顔に目鼻や口は見当たらない。全身の肌や肉が細長く分裂していて、別々に蠢いている。どうやら大きなナマコのようなものが集まって、人の形に似たものを形成しているようであった。

それがゆっくりとこちらへ歩いてくる。

(な、何なんだよ、こいつぁ?)

本能が「逃げろ!」と訴えていた。亀沢さんは踵《きびす》を返し、水飛沫を上げて走った。梯子の下まで戻ってきたとき、出口が真っ暗になっていることに気づいて仰天した。いつもなら、そこは地上から街灯の光が差し込んで薄明るいはずであった。マンホールの蓋が閉じられていたのである。

「おいっ！　開けてくれっ！」

梯子に手足を掛けた。しかし、早く登りたい気持ちから焦ってつい、上を向いてしまう。するとヘッドランプの光は閉ざされたマンホールの蓋に当たるばかりで手元を照らせなくなる。梯子がまるで見えなかった。

「おおい！　開けてくれ！　早くっ！　開けろっ！　どうしたっ！」

振り返ると、黒い人影は五、六メートル離れた水中に立っていた。このままでは追いつかれてしまう。

「早く開けろ！　開けろ開けろっ！　開けろっ！　何やってるんだっ⁉」

半ば手探りで一段ずつ梯子を登ってゆく。

何とか最上段まで登り、片手でマンホールの蓋を叩いてみたが、蓋は依然として閉ざされたままである。生臭さが一層激しくなってきた。

また振り返ると、ナマコの集合体のような人影が、すぐ背後の空中に浮かんでいた。間近で見ると、顔は依然として真っ黒なのっぺらぼうだが、胴体は半透明で、ナマコに似たものの群れが蠢く中に小さな人間の顔や手足が、さらには犬猫、鼠などの姿が重なり合っている。どんな危害を加えられるのかは不明だが、捕まればただでは済まないだろう。

（もう駄目だ……）

亀沢さんが観念したとき、突如マンホールの蓋が開いた。街灯の光が差し込んでくる。

「うわ、助かった！」

無我夢中で地上へ這い出る。

黒い人影は付いてこなかった。亀沢さんは路面に座り込み、

「馬鹿野郎！　何で蓋を閉めるんだよっ！」

妻を怒鳴りつけていた。

ところが、そこには彼女だけでなく、若い警官も一緒にいたのである。妻は呆然とこちらを見下ろしていた。

「それが、何でだかわからないのよ……」

妻の証言によれば、辺りが急に生臭くなったかと思うと、いつしか記憶がなくなった。

「どうしました!?」

と、呼びかけられて我に返った。立ったまま肩を掴まれ、身体を揺さぶられていたのである。

同じ町の派出所に勤務している警官であった。客として何度か理髪店に来たこともある

顔馴染みだ。パトロール中に妻がぼんやりと佇んでいるので不審に思い、声をかけたのだという。他には誰もいなかったそうで、何者が蓋を閉めたのかはわからなかった。

亀沢さんは黒い人影のことを二人に伝えた。その話を聞いた警官は首を傾げながらも、梯子の途中まで降りていった。暗渠の奥まで懐中電灯の光を当てて様子を見ていたが、

「そんなもの、どこにもいませんよ」

地上に出てくるなり、訝しげな顔をしてみせた。

「だけど、やけに生臭いですね。中に動物の死体でもあるのかな……？」

警官が顔馴染みだったこともあって、夫婦は大目に見てもらい、罪には問われずに済んだ。ただし、危険な行為を犯したとして、親子ほど年の離れた青年警官から説教を食らった上、「二度と暗渠には入りません」と誓わされた。おまけに亀沢さんはタモをなくしていた。夢中で逃げる途中、どこかに落として流されてしまったらしい。

なお、長い歴史を持つ〈大川〉では、亀沢さんが知る限りでも、遊んでいて溺れ死んだ子供が何人かいたし、犬猫や鼠の死骸が流されてきたところを何度も見たことがある。

「そういうのが集まって、あの黒いヤツになったんじゃねえのかな」

と、彼は述べて話を結んだ。

スッポン

ある農村の北端を大きな川が流れている。

昭和二十年代、この村では〈淵に巨大なスッポンがいて、子供の尻小玉を抜き取り水死させる〉とよく言われていた。淵は川幅十五メートルほど、水深は深い所で三メートルほどあった。一部に岩場があり、水が青くて底は見えない。

勝次は夏になるとよく川で泳いだが、淵には行かないことにしていた。しかし、友達の徹は泳ぎが達者で淵でも平気で泳いでいた。彼はませていて、

「そんなでけえスッポンなんかいやしねえよ。襲ってくるって話も嘘っぱちさ。……俺の叔父さんが言ってたよ。昔は〈河童が子供の尻小玉を抜く〉って言われてたんだって。でも、河童なんて本当はいねえだんべ。だから誰かがスッポンのせいにして話を作り変えたんだろう、ってさ」

そんな話をしてくれた。おかげで勝次も安心して淵で泳げるようになった。

二人は十一歳になり、夏休みには他の子供たちと一緒に、毎日川へ泳ぎに通っていた。

ところがある日、勝次は風邪を引いてしまった。家で寝ているると徹がいつものように誘

いに来たが、断ったので徹は一人で泳ぎに行った。

翌日、勝次は少し具合が良くなった。とはいえ、まだ泳ぎに行くのは無理である。徹がまた誘いに来たのを断った。

「なら、ここで話すだけならいいかや?」

「ああ。いいさ」

勝次は徹と縁側に座った。

「昨日は珍しく、淵で遊んでいたのは俺一人しかいなかったんだ」

徹はこんな話をした。

彼は水中にできるだけ深く潜ったり、魚の群れを追いかけたりしていたが、やはり一人で遊ぶのは面白くなかった。早めに上がろうとしたとき——。

淵の真ん中、最も水深がある辺りに人影が見えた。背中と水を掻く腕が水面から覗いた。

(おや、いつの間に? 誰だんべえ?)

この辺りで泳いでいる子供は皆、顔見知りである。徹は泳いで人影に近づいていった。

だが、いきなり何者かに左足を掴まれ、物凄い力で水中に引き込まれた。

(うわっ! 何をする!)

目を開けると、全裸の人影がぼやけて見えた。水中眼鏡を付けていないので、相手が誰かはわからなかった。徹は懸命にもがいたが、相手は手を離さない。右足で相手の頭や胸を何度も蹴飛ばすと、ようやく突き放すことができた。

無我夢中で浮上し、懸命に息を吸う。相手も数メートル離れた水面に浮上してきた。見れば、意外にも同い年くらいの見知らぬ少女であった。金髪で肌がやけに白かったが、顔立ちは日本人と変わらない。怪我をした風もなく、大きな黒い眸《ひとみ》でこちらを見つめている。この時代の農村で髪を金色に染めた人間を目にすることは滅多になかった。それに徹はパンツを穿いていたが、少女は全裸なのでどぎまぎしてしまった。

「おめえ、誰だ？　何でこんなことをするっ⁉」

徹は怒鳴ったが、少女は黙っていて水中に潜ってしまった。また足を引っ張られては敵わない。徹は慌てて泳いで逃げた。岸に上がるとしばらく様子を見ていたが、少女はそれきり浮上してこなかったという。

「おらああの女、スッポンが化けたんじゃねえかと思うんだ」

徹の突拍子もない言葉に、勝次は反論せずにはいられなかった。

「でも、おめえは〈スッポンの話は嘘っぱち〉って言ってたじゃねえかゃ」

「ああ。だけど、見ちまったから信じることにしたんだよ。……あれがスッポンのお化けじゃねえとしたら、何だと思う？」

勝次は唸って首を傾げることしかできなかった。

「だからいまいっぺん淵へ行って、今度はあの化け物をやっつけてやるんだ」

意気込む徹を見ていて、勝次は心配になってきた。

「ハア、よしたほうがいいよ」

「なあに。水には入らねえで陸から石をぶっつけてやらあ。泣いて謝るまで何発もな」

徹は野球も得意で肩が強く、コントロールが良かった。

「泳がなくてもいいんだから、勝ちゃんも一緒に来《き》ねえかい？」

「おらあ無理だよ。母さんから今日までは家にいろ、って言われてるんだ」

徹は諦めて立ち去った。


その晩、徹は帰宅しなかった。家族が騒ぎ出して村人たちと必死に捜索したが、翌日の早朝、淵から数十メートル下流の浅瀬で遺体となって発見されたのである。彼は衣服を着ており、半ズボンのポケットには石が沢山入っていた。そのため警察はこう判断した。

『泳いでいて溺れたのではなく、岸辺で遊んでいて足を滑らせ、川へ転落したのだろう。

石が錘《おもり》になって上手く泳げなかったのではないか』
勝次は子供心に疑問を感じて、自分の家族や徹の身内に金髪の少女のことを伝え、徹とのやり取りも語ったが、村人の中に少女を知る者は誰もいなかった。また、警察が調べても徹が殺害されたという証拠は何も出てこなかった。

秋になって、同じ淵で勝次も溺れ死んだ。

今度は対岸で魚釣りをしていた村の若者二人が一部始終を目撃していた。彼らの証言によれば、勝次は一人で岸辺にやってきた。最初はぼんやりと水面を眺めていたようだが、不意に転倒すると、見えない何かに引き摺り込まれるかのように足から川へ落ちていったそうだ。

「助けてくれえ！　助け、て、く……」

悲鳴を上げてもがいていたが、まもなく沈んでしまった。

若者たちは淵に飛び込んで助けようとした。けれども、この日は雨上がりで水が濁っていて、なかなか勝次を見つけることができなかった。ようやく発見して岸辺に引き上げたときには、既に息が絶えていたという。

徹が死んでから勝次は怖がって淵へ近づかなくなっていた。それがなぜこの日に限って一人でやってきたのか、誰もが不思議に思った。しかし、川に引き摺り込んだ者は目撃されておらず、自殺する動機もなかったので、警察は徹のときと同様に事故と断定したそうだ。

以上が、現在も同じ農村に住む古老が語ってくれた話である。

古老は勝次の兄であった。

鬼子の道

昭和の初め、戦前の大分県でのことだ。

喜久子さんは八人兄弟の長女として生まれた。その頃、一家は辺鄙な山奥の村に住んでいた。家族は両親と父方の祖母、弟妹が三人で、下の四人はまだ生まれていない。父親は流しの浪曲師で旅に出ていることが多く、家にいることは少なかった。

喜久子さんが十歳の頃、末の弟が高熱を出した。一歳の幼児である。喜久子さんは母親とともに看病したが、弟はなかなか熱が下がらず、泣くこともなく顔を真っ赤にして昏々と眠っていた。だいぶ衰弱しているように見える。

「お医者さんに診てもらわんと……」

母親が眉を曇らせながら呟く。

このとき、外は既に日が暮れていた。家には電話がないので、医師を呼ぶことはできない。もちろん、車も所有していなかったので、母親は悩んだ末に他の子供たちを祖母に頼み、弟を背負って麓の町にある病院まで連れてゆくことにした。

「私も行く」

喜久子さんは母親と弟のことが心配で同行を志願した。実は、母親と祖母の折り合いが悪く、喜久子さんも祖母と一緒にいるのが嫌だということもあったそうだ。母親からは家に残るように言われたが、一緒に行きたいと言い張ると、提灯を持たせてくれた。

「おめえが道を照らしちょくれ」

家を出発したのは、午後八時過ぎであった。しばらく進むと、森の中に続く小道が見えてきた。

バラスが敷かれた県道に出て町へ行く手もあるのだが、県道は山を螺旋状に回りながら麓へ下りてゆくので、長い時間がかかってしまう。一刻を争うものと考えていた母親は最短距離で山を下るこの道を選んだ。バラスさえ敷かれておらず、『夜になると鬼子《おにこ》が出るから絶対に通ってはならぬ』という言い伝えもあり、夜間は危険な道だったが、県道よりも遙かに早く町まで到着できる。

喜久子さんは母親と並んだり、少し前を進んだりしながら、鬱蒼とした照葉樹林を貫く一本道を下っていった。行く手には暗黒の闇がどこまでも広がっている。生憎と夜空には月も星も出ておらず、提灯の灯りだけが頼りであった。早春のことで虫の声もなく、森の中は静まり返っていて、二人の弾む息遣いと地面を踏む足音だけが大きく響く。

喜久子さんは闇の中から何かが襲ってきそうな気がして怖かったので、大声で母親に話しかけながら進んだが、弟を背負っている母親は疲れてきたのか、次第に黙って歩くようになった。それで喜久子さんも黙ってひたすら歩いていると、ようやく麓の街明かりが見えてきた。

（ああ、もう少しやな）

彼女が安堵の念を覚えたとき――。

ふと、頭や首筋に液体が降り掛かるのを感じた。雨にしては温かい。

「あれ、温《あった》けぇのが降っちくる……」

「私が、汗かいたけん、掛かり、よるんやわ……」

母親が息を弾ませながら答える。

やがて疲労が限界に達した母親が立ち止まった。

「ちっと、休もう」

喜久子さんも足を止めた。また温かい液体が降ってくる。今、母親は動いていないので汗が飛んできたとは思えない。不思議に思った喜久子さんは頭を撫でてから、その手を提灯の灯りに当ててみた。

掌に赤黒い血糊が、べったりと付着している――。

仰天した喜久子さんは、提灯の灯りを母親のほうに向けてみて、さらに驚愕した。

母親の頭上に生首が五つか六つ、浮かんでいたのである。大きさはまちまちで、弟の頭部と同じくらいのものから、より小さな嬰児と思しき生首まであり、いずれも青黒い肌をしていて頭髪は生えていなかった。見開かれた目は黄色く光っていて黒目はなく、口が頬の上のほうまで裂けている。角こそないが、絵で見たことのある鬼の顔に似ていた。それらが鋭い歯を閃かせながら入れ替わり立ち替わり、母親が背負っている弟の頭部に噛みついていたのだ。

肉が切り裂かれ、骨が噛み砕かれる音が聞こえて、また血の雨が降ってくる。鮮血が母親の肩にも飛び散っていた。

喜久子さんは悲鳴を上げて飛び退き、転びそうになった。

「何や？　どうしたん？」

「お、おかんこそ……何で、何で気づかんの⁉」

喜久子さんは弟が生首たちに殺されかけていることを、しどろもどろになりながらも説明した。

「ええっ⁉」

それを聞いた母親が慌てて弟を背中から下ろすと、生首たちは消えてしまった。

母親の肩に掛かった血も消えている。いつしか喜久子さんの手に付いていた血もなくなっていた。

弟は無事であった。依然として高熱は下がっていないが、傷一つ負っていないし、呼吸もしている。

「変な冗談言うんじゃないよ、こんなときに……。さあ、行くで」

母親は再び弟を背負って歩き出そうとする。

喜久子さんは気になって何度か母親の頭上に灯りを向けてみた。

やはり小さな生首が空中に浮かんでいる。先程よりも増えて、その数、十を超えていた。

生首は互いに争いながら、盛んに弟の頭部に噛みついている。このままでは頸まですっかり食い尽くされてしまうだろう。だが、母親に話しても、

「もう少しやけん。我慢せな！」

と、叱られるばかりで信じてもらえなかった。

（今もおるのに……。あれは何なんやろうか？）

母親に見えない以上、どうすることもできない。喜久子さんは諦めて麓の町まで急いだ。

町の小さな病院に到着して、二人で入口の戸を叩きながら大声で呼ぶと、顔馴染みの医師が出てきた。待合室に入って、母親が背中から弟を下ろしたところ――。

弟は呼吸をしていなかった。既に体温が下がり始めていて、医師にも蘇生させることが

できなかった。

「なしかえ《何でよ》……？　さっきまで生きちょったんに！」

　母親は泣いて悔しがった。

　弟の頭や顔には傷一つ見られず、病死とされた。

（やけん《だから》、私が言《ゆ》ったんに……。でも、何で傷がなかったんやろうか？）

　喜久子さんは悲しみと釈然としない思いを抱えながら帰路に就いた。母親が弟の遺体を背負い、今度は県道を歩いて帰ったのだが、すっかり疲弊し、打ちひしがれて夜明け前に帰宅すると、祖母から嫌味を言われた。

「役立たずやな。夜にあんな道を通るからやで」

　当時の喜久子さんは、あの道で遭遇した〈鬼子〉の正体を知らなかった。

　しかし、弟の葬儀が済んだ後、祖母からこんな話を聞かされた。

「あそこは〈子減らしの道〉で、昔、貧乏人たちがあの道を通って、森の中に子供を捨てたり、殺しに行ったりしちょった。やけん、今も……」

　夜になると死んだ子供たちが出てきて通る者を襲う、とくに幼い子供には嫉妬するので容赦をしない――との内容で、喜久子さんはまた暗く不快な心持ちになったという。

大分の野良猫

麻子さんが子供の頃に、祖母の秀子さんから聞いた話である。

大正時代の終わり頃、これも大分県でのこと。当時、秀子さんはまだ小学生であった。彼女が住んでいたのは海辺の町で、近くに小さな神社があった。

いつの頃からか、そこに〈シロクロ〉と呼ばれる大きな雄猫が棲み着いていた。名前通りの白毛に黒い斑がある野良猫で、周辺の人家に忍び込んでは食べ物を盗み、庭に糞尿を残して去ってゆく。不憫に思った人が餌を置いて飼い馴らそうとしたが、警戒心が強くて近づく前に逃げられ、失敗していた。飼い猫に怪我を負わせたこともあり、この猫を嫌う人も多かった。棍棒で殴ろうとした者がいたが、足が速くていつも逃げられてしまう。

秀子さんが住む家の隣に、七十代後半の老婆が独りで暮らしていた。親族や友人が訪ねてくることはなく、近所の人々とも立ち話程度はするものの、あまり親しい付き合いはしていなかった。その老婆が夕餉の菜にするはずだった生魚を盗まれて以来、とくにシロクロのことを嫌っていた。憎んでいた、といっても過言ではない。

ある日、秀子さんは農作業に出かける両親から、まだ乳飲み子である弟の面倒を見るように命じられた。自宅にいると、隣家のほうから物凄まじい鳴き声が聞こえてきたという。

(何やろう?)

一人で外へ出てみると、隣の老婆が往来でシロクロの首根っこを掴んでいた。老婆はとうとう憎き相手を捕まえることに成功したのだ。往来には他の猫も集まっていたが、よろめきながら逃げ去る姿が見えた。どうやらマタタビを使ったらしい。シロクロは宙吊りにされていたが、必死に逃れようと、右に左に激しく暴れている。秀子さんはその口元から泡のようなものが飛び散っているのを認めた。大きく開けられた口の中に何やら白い物が詰め込まれている。

老婆はもう片方の手に棍棒を持っていて、気が狂ったように暴れ続けるシロクロを殴りつけた。殴って殴って、何度も殴るうちにシロクロは抵抗しなくなった。目を瞑って四肢を痙攣させている。そこで老婆は憎き相手を放り出すと、家の中から縄を持ち出してきて、その四肢を縛り上げた。さらにまた家に戻って、今度は塩が入った瓶を持ち出してきた。シロクロの口に詰め込まれ、泡のように飛び散っていたものは、塩だったのである。

老婆は秀子さんの姿を見ると独り言か、話しかけてきたのか、よくわからなかったが、

「盗人《ぬすっと》する悪い奴には、やいと《灸》をすえねぇとな」

大きな声でそう言ってから、うれしそうに満面の笑みを浮かべた。

塩を鷲掴みにして、ぐったりと伸びているシロクロの口の中へ押し込む。

シロクロはまだ生きていて、目を見開いた。四肢を縛られているにも拘らず、まるで鞠突きの鞠のように何度も跳ねる。

老婆は笑った。

高笑いになる。面白くて堪らない、といったように——。

また棍棒で憎き相手の頭を叩く。

塩を口の中へ押し込むと、シロクロの身体は鞠のごとく弾む。それを何度か繰り返すうちに、とうとうシロクロは完全に動かなくなった。老婆は亡骸を麻袋に詰め込んで、

「ほな、塩は海に返さなぁな」

どこか自慢げに言うと、海のほうへ歩き出した。


子供だった秀子さんは恐ろしくて、老婆を止めるどころか抗議もできずに成り行きを見守っているしかなかった。震えながら家に戻ると、涙が出てきた。あまりの衝撃にしばらくは弟の面倒を見る役目も手に付かなかったという。

(見てはいけないもんを見ちしまった……)

子供心にもそんな気がして、両親が帰宅してからもこの話は口外できず、その夜は眠れなかった。

次の日の晩。

「隣のお婆ちゃん、何だか様子がおかしいね」

「とうとう惚けたかな」

両親がそんなことを言い出した。農作業から帰ってくると、老婆がぼんやりと隣家の前に立っていて、挨拶をしても黙っている。気難しい人物ではあるが、挨拶はきちんとしていたので両親は異変に気づいたらしい。おまけに擦れ違ったときに異臭が漂ってきた。獣のような臭いがしたという。

（惚けたんじゃない。シロクロの祟りなんや）

と、秀子さんは怯えた。

次の日から秀子さんも、隣家の前に虚ろな目をして佇む老婆の姿を見かけるようになった。頭髪や衣服が日増しに汚れてゆき、口の端から白い泡のような涎を垂れ流している。さらに猫が鳴くような凄まじい奇声を発しながら四つん這いで町を徘徊している姿まで、近所の人々に目撃されるようになった。秀子さんもその姿を目の当たりにして、

（シロクロが殺されたときの姿や声とそっくりやわ！）

恐ろしくて家から出るのが嫌になってしまった。

それが一週間ほど続いたことから、近所の人々が「精神病院に連れていったほうが良さそうやな」と相談を始めたところ、老婆は町から忽然と姿を消してしまった。

さらに一週間後。

近くの海で魚を獲っていた漁師の網に老婆の水死体が掛かった。当初は「どこん人《し》かわからなかった」というほど、ぶよぶよと膨れ上がった、おぞましい姿になっていたらしい。しかもその咽喉には、魚や蟹などに食われて半ば白骨化した猫と思しき獣の頭蓋骨が、大きく口を開けて噛みついていたという。

その話は人伝《ひとづて》に広まって、まもなく秀子さんの耳にも届き、

（止めんかった私も祟られるのでは……？）

と、なおさら彼女を震撼させた。

そして秀子さんから話を聞いた孫娘の麻子さんもまた、何日か眠れぬ夜を過ごしたそうである。

エアガンの男

絹子さんは結婚してからテラスハウス型の団地に三十年余り住んでいる。鉄筋コンクリートの二階建てで庭付きだが、隣家とは壁一枚を隔てただけで繋がっている。夫と息子との三人暮らしで、娘は他家に嫁いでいた。

庭ではゴールデンレトリバーの〈しんのすけ〉を放し飼いにしているが、十歳を過ぎて食が細くなり、ドッグフードを残すようになった。それを狙って庭に野鳥が集まってくる。〈しんのすけ〉は若い頃には盛んに野鳥を追い回したものだが、今では関心がないようで、眺めているだけのことが多い。

動物が好きな絹子さんは、この小さな訪問者たちを歓迎した。ドッグフードの量を減らす代わりに小皿を用意して果物や穀類を入れておく。それを食べに来るのはスズメにヒヨドリ、キジバトが多かったが、時折メジロやホオジロも飛来した。

ところがある日、絹子さんは、集まっていた鳥たちが激しく鳴きながら一斉に飛び立つ光景を目撃した。犬小屋に〈しんのすけ〉がいるので猫が来たとは思えない。庭へ出てみると、地面に小さな黄色い物が落ちていることに気づいた。プラスチック製で先が丸く、末広がりになっている。同じ物が幾つも転がっていた。

(これは……?)

夫や息子に見せると、エアガンの弾だろう、という。

「じゃあ、誰かが鳥を狙って撃ったのね。ひどいことをする人がいるものねえ」

数日後。

絹子さんは、隣家に住む乗附《のつけ》が二階の窓からエアガンを構えている姿を認めた。絹子さんの視線に気づかず、彼女の家に来る鳥を狙っていたのである。

乗附は古希を迎えた老人で、近所では変人として知られている。若い頃はそれほどでもなかったのだが、ここ十年ほどの間に奇行が目立つようになった。

町会の清掃活動に参加しなくなり、顔を合わせても挨拶をしなくなった。近所の家で葬儀があると、参列して清めの酒を飲んで帰るのだが、香典を出さず、手伝いも一切しない。

また、以前に絹子さんは団地内の通りで乗附が落とした財布を拾ったことがある。中には運転免許証と三万円が入っていた。彼の家に声をかけたが、不在でどこに出かけたのか、財布もないのになかなか帰ってこなかった。貴重品だけに長く保管したくなかったので警察に届けたところ、乗附は翌々日の夕方になって帰宅した。絹子さんが経緯を伝えて、警

察へ取りに行くように勧めると、

「今から警察に行かなきゃならねえのかよ。……そのまま道に置いとけば良かったのに、余計なことをしやがって！」

と、礼ではなく文句を言ったものである。

妻子に対してもずっとそんな調子だったので、五、六年前から別居していた。乗附は老いても腕っ節が強く、不愉快なことがあると食器や建具を破壊することもあり、妻が離婚しないのは彼からの報復を恐れてのことではないか、と噂されていた。

さて、ここで話を戻すと――。

玩具のエアガンは鉄砲所持許可証がなくても所持することができる。だが、乗附は狩猟者登録証を持っていないので野鳥を捕獲することはできない。ましてや住宅地は禁猟区域であり、プラスチック弾といえども他家の庭に撃ち込んで良いわけがない。

（でも、話し合いができる相手じゃないわね）

絹子さんは抗議することを控えた。できれば隣家とのトラブルは避けたかったのである。撃たれて死んだ鳥はいないようだが、怪我をさせてはかわいそうなので餌やりは中止した。

けれども、やがて団地内の道端や街路樹の根元などにエアガンの弾が転がっているのをよく目にするようになった。中には待ち針を突き通した弾まであった。当たれば小鳥を殺すには十分な威力があろう。どうやら乗附は人目につき難い時間帯を見計らって、あちらこちらでエアガンを撃ちまくっているらしい。かつては普通に見られた野鳥が、次第に団地から姿を消していった。

それから半年が経った頃。

乗附とは別居している妻の仲江が、絹子さんの家を訪ねてきた。

「主人のことなんですけど、一昨日から家と携帯に電話を掛けているのに全然出ないんです。何かあったんじゃないかと思って……それで、今から家に入ってみたいのですが、一人じゃ怖いから、一緒に来ていただけないでしょうか？」

絹子さんは正直なところ断りたかった。しかし、仲江が泣き出しそうな顔で「どうか、お願いします」と何度も頭を下げるので、やむなく承諾した。

門と玄関のドアには鍵が掛かっていた。仲江が合い鍵を使ってそれらを開けると、

「ああっ！　あああっ！」

と、叫んだ。

絹子さんも室内を覗いて棒立ちになってしまった。

狭い玄関の先には短い廊下と二階へ上がる階段がある。その階段の手前に乗附が俯せに

倒れていたのである。

おまけに彼の背中には、体長一メートルもありそうな鳥が乗っていた。

その鳥は身体が濃褐色で風切羽は黒かった。頭から頸にかけては白い毛が少し生えているだけで、黒い皮膚が露出している。したがって頸がやけに細長く見え、大きな嘴は先が曲がっていて鋭かった。

ハゲワシ、としか思えない。

その鳥は絹子さんたちを一瞥すると、面倒臭そうにゆっくりとこちらに背を向けてから、両翼を広げた。羽ばたきを始めたのである。廊下は広くないのでこれほどの大きな鳥が羽ばたくことはできないはずなのだが、左右の翼の先が壁を突き抜けていた。

ハゲワシらしき巨大な鳥は上昇してゆき、天井に達した瞬間、その姿を消してしまった。

一方、乗附は頭から血を流していて、それもどす黒く凝固している。伸江が救急車を呼んだが、既に死亡していた。警察が調べた結果、前日に階段から足を滑らせて転落したことによる事故死と判明した。

ハゲワシらしき鳥の姿は絹子さんだけでなく、伸江も目撃して驚愕していた。そして階段の下に倒れていた乗附の遺体は、両足を少し開き、両腕を左右に大きく広げていた。どことなく、鳥の飛翔姿に似ていたという。

フクロウのキャンプ

かなり昔、群馬県でのこと。成田栄一さんが中学一年生の秋に林間学校が行われ、学年全体で赤城山の裾野にあるキャンプ場へ行った。小さな駅で電車を降り、徒歩でアスファルトの坂道を登ってゆくと、途中から舗装されていない山道になった。そこを登るうちに同じクラスの生徒が、

「あっ、あんな所に……！」

と、眼下を指差した。

斜面の下のほうから生えている木の梢に、一羽のフクロウが留まっていたのである。

距離は八十メートル以上も離れていたが、山道よりも下の位置にいた上、大きな鳥なので目立ったのだ。女子生徒たちは「珍しいね」と眺めているだけだったが、男子生徒の一人が石を拾って投げた。他の男子生徒たちもそれに倣って石を投げ始める。当時の男子は『〈やんちゃ坊主〉や〈腕白小僧〉がかっこいい』という風潮があったし、まだ小学生気分が抜けていなかったのであろう。距離が遠すぎて当たる可能性は極めて低いが、十人ほどの男子がこのゲームに加わった。

もちろん、野鳥をみだりに殺傷してはならない。引率の教師に見つかれば叱られることは確実だが、ちょうどこのとき、教師は前方の九十九折《つづらお》りを曲がってしまい、見えない角度にいたのである。

〈馬鹿馬鹿しい。当たるわけがないし、当たったところで何の得にもならないじゃんか〉

学級委員だった栄一さんは苦笑しながら皆のゲームを眺めていた。はじめは〈高みの見物〉のつもりだったが、周りにいた男子が全員、石を投げたので、

〈やれやれ。こういうときに付き合わないと「優等生ぶりやがって」とか言う奴が必ず出てくるんだよな。そう思われるのも癪だ……〉

彼は最後に石を拾おうとして地面を見回した。しかし急に、

〈待てよ……。もしも本当に石が当たったら、あのフクロウはどうなるだろう？〉

フクロウの身が心配になったのと、たまたま近くにクルミの実が落ちていたので、それを投げることにした。固い実だが、石ほどの殺傷力はないだろう。

栄一さんはフクロウがいる方角へクルミの実を投げた。本気で当てるつもりはなかったが、距離が遠いので途中で落下することも計算に入れ、上空へ向かって思い切り腕を振った。元々彼は身体が大きくて腕力が強いし、石よりも軽いクルミの実が追い風に乗ったようで、弓形の曲線を描きながらフクロウがいる梢へと吸い込まれていった。

そしてフクロウの脇腹に命中したのである！

フクロウは首を一八〇度近く回転させてこちらを睨んだが、すぐに飛び去っていった。

「凄え！」

「よく当てたなあ！」

皆が口々に栄一さんのことを褒《ほ》め称《たた》える。

まさか、本当に当たるとは思っていなかったので栄一さん自身も驚いたが、褒められれば悪い気はしない。足取りも軽快にキャンプ場へ向かった。


夕方は班に分かれてカレーライスを作り、晩にはキャンプファイアを囲んでのフォークダンスとなる。栄一さんは思春期なので女子と手を繋ぐのは恥ずかしい気がして、フォークダンスが好きではなかった。けれども、気になっていた同じクラスの秋山景子さんが手をしっかりと握ってくれたときには、胸のときめきを覚えたという。

班ごとに設営したテントに入ると、あとは寝るだけだったが、

「おまえは誰が好きなんだい？」

そんなことを皆に訊く級友がいて、すぐには眠らずにいた。

「内緒だよ」

栄一さんは景子さんの顔を思い浮かべたが、名前は出さずに笑ってごまかした。

そのとき外から、

「成田君」

聞き覚えのある女子の声がした。

苗字を呼ばれた栄一さんは訝しく思いながらも、テントから首を出して外を見た。夜空に月が懸《か》かっている。少し離れた場所に外灯も立っているので、テントの周辺は薄明るかったが、人の姿は見当たらない。

「おかしいな。確かに女子の声が聞こえたんだけど……」

それに声の主は景子さんのようであった。

また少しすると……。

「成田君。成田君。あたし、秋山よ」

(やっぱりそうか。こんな時間に何の用だろう?)

栄一さんは不可解に思いながらも、景子さんと会えるのがうれしかった。すぐさまテントから上体まで出したが、彼女の姿はなかった。

その声は同じテントにいた級友たちもはっきりと聞いていたそうで、誰もが怪訝な顔をした。女子が宿泊しているテントは離れた場所にあり、そこから話し声が届いたとは思えない。

「ねえ、成田君。出てきてくれない」

また景子さんの声が響く。確かに彼女の声なのだが、やはり外には誰もいなかった。栄一さんはテントから出ると、靴を履いて周辺の様子を見て回ろうとした。

と、そこへ、近くに生えていたコナラの樹上から、大きな鳥が舞い降りてきたのだ。

それは両翼を広げると一メートルを優に超えるフクロウであった。七色に輝く月光を浴びながら羽音を立てることなく、栄一さん目がけて急降下してくる。黒光りした円い双眼がこちらを睨んでいた。足に何かを掴んでいる。

(襲われる!)

栄一さんは思わず目を閉じた。小さなものが右の瞼を直撃する。

「あいたっ!」

堪らず顔を両手で覆った。

だが、フクロウは次の攻撃をすることなく、角度を変えて上空へ舞い上がっていった。

その羽ばたきが起こす風が、栄一さんの頭を撫でる。

フクロウはそれきり襲ってこなかった。

ふと足元を見ると、クルミの実が一粒落ちている。

「あいつ、昼間のフクロウか……⁉」

愕然とせずにはいられなかった。

その夜、栄一さんは右目が痛くてよく眠れなかったばかりか、級友に、

「秋山の声が聞こえたとき、うれしそうな顔をしてたよなあ」

と、景子さんへの恋心を見破られてしまい、冷や汗が出るほど恥ずかしい思いをした。

おまけに右目の周りに青痣ができて半面だけとはいえ、一時はパンダのような顔になってしまった。おかげで中学校を卒業するまでの間、〈パンダ〉の渾名で呼ばれる羽目になったという。幸い、右目の痛みは数日ですっかり治まったのだが、

（あのとき投げたのがクルミで良かった。もしも石だったら、フクロウからも石をぶつけられて目が潰れていたかもしれない）

フクロウに畏怖の念を覚えた栄一さんはそれ以来、慎み深い性格になったそうである。

初恋

バブル期に入る前、絵津子さんが住む町には煙突を備えた町工場があった。松浦君はその家の息子で、中学一年生のときに絵津子さんと同じクラスになった。彼は色白の物静かな少年で、父親のことを〈お父様〉と呼んでいた。あるときそれを、

「社長の息子だから、お坊ちゃんなんだんべ！」

と、からかった者がいて、皆が笑った。

絵津子さんもつい、釣られて笑ってしまったのだが……。

ある日、彼女は授業で他の教室へ移動する途中、階段でうっかりつまずいて教科書や筆箱の中身をぶちまけてしまった。そこへやってきた松浦君が黙って拾うのを手伝ってくれた。それがうれしくて、彼には申し訳ないことをしたと思った。とはいえ、絵津子さんもおとなしい性格だったので謝る機会もなく、あまり話すこともなかった。

ところが、中学校入学から三ヶ月が経とうとしていた頃、その松浦君が突然亡くなってしまった。父親が新規事業に着手し、失敗を重ねて多額の借金を抱えたことから一家心中を図ったのだ。父親と松浦君は死亡し、母親だけが死に切れずに生き残った。

絵津子さんが大きな衝撃を受けたことは書くまでもない。

二人の葬儀が終わって夏休みが近づいた、蒸し暑い午後のこと。絵津子さんのクラスが授業を行っていると、窓から急に涼風《すずかぜ》が吹き込んできて、カーテンが大きく揺れ動いた。

そして――。

不意に黒板の真ん中に松浦君と父親の上半身が、はっきりと浮かび上がった。絵津子さんをはじめ、教師と生徒のほとんどがその光景を目撃した。見なかったのは居眠りをしていた生徒だけだったらしい。

父親は青ざめた顔をして俯いており、松浦君は寂しそうな微笑みを浮かべてこちらを見ている。教室中にざわめきが起こったが、二人の姿はじきに消えてしまった。

（ああ……。もっと仲良くなりたかったのに！）

絵津子さんは涙が溢れて止まらなくなり、泣き崩れてしまった。彼女はこのとき初めて松浦君を好きだったことに気がついた。思えば、初恋だったという。

他にも号泣する女子生徒が相次いだため、授業は中止された。

煙突を備えた工場は現在も残されているが、荒れ果てた廃墟となっている。その煙突を見ると絵津子さんは、今でも松浦君を思い出して涙ぐむことがあるそうだ。

一夜の禿げ山

典子さんは中学一年生の頃に家出したことがある。その学校では一年生の一学期は生徒同士がお互いをよく知らないことから、教師が独断で学級委員を選んでいた。それで彼女に白羽の矢が立ったのだが、嫌で堪らなかったという。

テストの成績はいつもクラスの上位にいたが、行儀良く振る舞うのも、皆をまとめるのも苦手であった。反発したくて次第に素行の悪い者たちと付き合い始める。しかし学級委員という立場も気になって、本気でグレることはできなかった。それがボス格の少女の癇に障ったようで嫌味を言われるようになり、うんざりしてグループを抜けようとすれば、

「総スカンを食らわせるよ」

と、脅された。

当時の典子さんはどこにも自分の居場所がない気がしていた。家でも両親が倦怠期だったのか、よく喧嘩をしていたので、

（もう何もかも嫌になったわ。ここから出よう。すべてを捨ててしまおう）

一番仲が良かった由美に打ち明けると、彼女も同じような境遇で共感してくれた。一緒

に家出することになり、二学期が始まった平日、二人は数万円の金を持ち出して朝から電車に乗った。

行く宛てがあったわけではない。鉄道公安官に補導されることを恐れていたが、典子さんと由美は背が高くて外見も大人びていたせいか、声をかけられずに済んだ。何となく西へ向かうことになり、電車に乗り続けるうちに日が暮れて、二人は座席で熟睡してしまった。荷物のバッグは網棚に置き、財布もそこに入れてあった。

終着駅が近づいて……。

目を覚ました二人は狼狽した。

網棚に置いてあったバッグが二つともなくなっていたのである。同じ車両に他の乗客は数人しかいなかった。彼らに訊いても全員が「知らない」と首を振る。他の車両も探し回ったが、バッグは二つとも見つからなかった。切符は服のポケットに入れてあったので電車を降りて改札から出ることはできたものの、家出中なので届け出るわけにもいかない。

もっとも、金があったとしても、保護者のいない中学生を何も訊かずに泊めてくれるホテルや旅館はなかったことだろう。

それはさておき、典子さんが途方に暮れていると、

「ナンパされちゃおうか」

由美が投げ遣りな口調で言った。

「男に奢らせればいいじゃん。夕飯と、上手くいけば泊まる場所にもありつけるよ」

「冗談じゃない！」

典子さんは激しく頭を振った。二人は駅の近くにある公園で夜を明かすことにしたが、その公園の真ん中には小山のような形をした滑り台があった。

典子さんの家の近所にも公園があって、よく似た滑り台がある。それを誰かが〈禿げ山〉と呼んだことから、公園も〈禿げ山公園〉と渾名を付けられていた。ふと、数年前まで毎日そこで遊んでいたことを思い出す。

（あの頃は毎日が楽しかったのに……。何でこんなことになっちゃったんだろう？）

水飲み場でひたすら水を飲んで空腹を凌ぐ。ベンチに並んで座って眠ることにした。九月とはいえ、その夜は涼しかった。手足が冷えてきてなかなか眠れなかったが、我慢して目を閉じていると、真夜中を過ぎて由美に呼ばれた。

「ねえ、起きてる？」

「うん……」

「あれを見て！」

由美が前方を指差す。典子さんがそちらに目をやると――。

五、六メートル離れた地面から人影が盛り上がってくるのが見えた。園内には外灯が立っていて、その辺りは明るかったのだ。

地面に穴が開いたわけではない。平らな地面から四つん這いになった人間の姿だけが浮かび出てきたのである。

現れたのは、地味な服装をした三十代後半くらいの女であった。

さらにその下からもう一人、仰向けの女が浮かび上がってくる。こちらは派手な黄色のブラウスにミニスカート姿の若い女で、動く度に黒い下着が見え隠れしていた。

その二人が激しく罵り合う声が聞こえてきたが、どういうわけか、距離が近いのに何と言っているのか、聞き取れなかった。

中年の女は若い女の上に馬乗りになって動きを封じようとしている。若い女は裸足で、銀色のハイヒールが近くに転がっていた。中年の女はそれを掴むと、尖った爪先を若い女の口の中に突っ込もうとした。

「ぐふっ……うっ、うぷぷっ……」

若い女が苦痛に呻きながら歪めた顔を背ける。けれども、中年の女は片手で若い女の顎を掴んで無理矢理口を開けさせると、ハイヒールを突っ込んだ。

（靴を食べさせようとしているんだ——）

典子さんは信じ難い光景に声を呑んだ。早くこの場から逃げ出したかったが、腰が抜けてしまったのか、足腰に力が入らない。由美を見ると、彼女も同じ状態らしく目を瞠って座り込んでいる。

「うぐっ、ぐほっ……」

ハイヒールの前半分まで若い女の口の中に入ってしまう。女は目をひん剥いて涙を流し、苦悶していた。唇の端から噴き出した血の筋が頬を伝わってゆく。唇が大きく裂けているのか、あるいは歯が折れたのかもしれない。

一方、中年の女の表情は、鬼女の顔になったかのようである。

典子さんはどうすることもできず、身を震わせているしかなかったのだが……。

「わ、わあああああっ！　わああああああああっ！」

突如、隣から悲鳴が上がった。由美がベンチから立ち上がって頭髪を掻き毟っている。

「由美っ！」

典子さんもようやく声を発して動くことができた。

すると、女たちの姿が一瞬にして映像を消したかのように消え去った。

「いやあっ！　いやああああっ！」

由美は身悶えしながら激しく叫び続けている。

典子さんが身体を押さえて揺さぶったり呼びかけたりしても、首を左右に振るばかりで何も答えようとせず、視線も定まっていなかった。錯乱状態でどうにもならない。典子さんは泣き出してしまった。

しばらくするとパトカーが公園に近づいてきて、二人は警察に保護された。近所の人が由美の叫び声を聞いて通報したらしい。

朝までにそれぞれの両親が車で迎えに来て、二人とも家に帰った。

典子さんはそれから数日後に通学を再開している。

しかし、由美は一週間ほど学校を休んでから登校してきたが、ほとんど誰とも話そうとせず、授業も上の空のようであった。

翌日、校庭で体育の授業が行われた。

その最中、由美は突然履いていたスニーカーを脱ぎ、自らの口の中に押し込み始めた。

「こらっ、何やってるの！」

女性教師が注意したが、由美は目を白黒させながらスニーカーを食べようとし続ける。

教師がやめさせようとすると、抵抗して呻きながら地面を激しく転げ回り始めた。

典子さんをはじめ生徒たちは、全員呆気に取られて状況を見守っていることしかできなかった。由美はスニーカーの爪先が器官に詰まったのか、激しく噎せ始めた。やがて白目を剥き、大の字に伸びて動かなくなってしまう。

慌てて教師がスニーカーを口から引っ張り出したが、唾液と血にまみれていた。口角が裂け、よほど力を込めて噛んだのか、下の前歯が一本折れて靴底に突き刺さっている。授業は中止となり、救急車が呼ばれて由美は病院へ運ばれた。命に別状はなかったものの、彼女は精神が一向に安定せず、それきり学校に来なくなってしまった。

典子さんも一番の親友がいなくなったことで落胆し、登校拒否を始めた。のちに両親や教師などと相談し、別の学校へ転校している。由美のことも怖くなってしまい、あの日から二十七年間会っていない。典子さんは高校から地元を離れたので、由美が今どこでどうしているのか、まったく知らないという。

殺人指南

五十代の男性丸岡さんは、友人が経営する居酒屋でよく晩酌をしながら夕食を済ませている。ある晩、いつものように手酌で日本酒を飲んでいると、若い女性アルバイトの由紀子さんが話しかけてきた。

「丸岡さん。丸岡さんて、お化けのことに詳しいですよね？」

「いや、別に、詳しいってわけじゃないよ。そういう話が好きなだけだよ」

「そっかあ……。でも、こんな話、他にできる人がいないんです。聞いてもらえませんか？」

「ああ、いいよ。何だい？」

「後輩から、変な相談を受けたんですけどね……」

由紀子さんの高校時代の二年後輩に、沙希という現役の女子高生がいる。

ある夜、彼女が自宅の自室で眠っていると、真夜中にふと目が覚めた。部屋の隅のほうから人の声が聞こえてくるのでそちらに目をやると、暗闇に見知らぬ男が立っていた。

本来なら強盗か痴漢かと、飛び起きるところだが、沙希は寝惚けていたのか、これは夢だろうと考え、しばらくの間、ぼんやりと男の姿を眺めていた。

どういうわけか暗闇の中で、男の容姿がはっきりと見える。

どこにでもいそうな中肉中背の中年男で、髪は黒く短く、グレーの汚れた作業服を着ていた。俯き加減の姿勢で何やら頻りに呟いている。何を言っているのかはわからない。

そのときになって、沙希はようやく気づいた。

(違う!　これ、夢じゃないわ!)

急に怖くなって跳ね起きると、男の姿が消えた。

(今の、幽霊だったのかしら……?)

そんなものを見たのは初めてだったので、寒気を覚えたという。

(もう出ないといいな……)

だが、男は数日おきに現れるようになった。いつも決まって彼女が真夜中にふと目を覚ますと、部屋の隅に立っているのだ。

「むむ、むむう……。ぶぶぶぶ……。あー、あー、あー」

確実に何か呟いているのだが、聞き取れない。

(また出た!　いなくなってよ!　早く消えてよ!)

そう念じると、じきに姿を消す。

害意はないようなので、次第に慣れて恐怖を感じなくなってきた。おまけに五、六度目に遭遇した頃から、男の言葉が聞き取れるようになってきたそうだ。

「扼殺……手や腕で相手の頸部を絞めて殺すこと。両手で頸部を圧迫し、気道を閉塞させるだけで、呼吸と脳への血流を止めて人を殺せる」

男は相変わらず俯き加減で、沙希とは視線を合わせようとしない。

「しかし、平均的な女の握力では難しい。とくに、おまえでは無理だろう」

確かに沙希は小柄でほっそりしており、非力であった。

「したがって絞殺……タオルか、太い紐を使って殺すことを勧める。後ろから、殺したい相手の頸部に引っ掛けて水平に引っ張り、紐を結ぶ要領で締め上げればいい」

などと、延々と呟いている。実に詳しく殺人の方法を語っていたのだ。

沙希は（いなくなってよ！）と念じるつもりが、つい最後まで聞いてしまった。

男は語り終えると姿を消した。

それ以来、男は現れる度にありとあらゆる〈人間の殺し方〉を語るようになった。

「毒殺……ジギタリスは花や葉、茎や根、すべてに猛毒がある。園芸店で売られているので、簡単に手に入る。有名なトリカブトの仲間も花や葉、茎に毒があるが、とくに塊根の毒が強い。やはり園芸店で普通に買える。ただし、山に生えている種のほうが毒は強いだろう。……農薬も手に入れやすい。フグ毒は海へ行ってフグを釣る必要があるので、少し手間がかかる。これらはいずれも飲食物に混ぜて飲ませることだ」

といったように。

沙希にとっては、意味が理解できない専門用語も多かったが、男が同じ内容を繰り返し語るので、そのうち覚えてしまった。そこでインターネットや図書館にある本で調べてみたところ、確かにそれらの専門用語が見つかったし、実際に殺人に使えることもわかった。

(このままだと、あたしはどうなってしまうんだろう?)

恐ろしくなってきた沙希は、以前に先輩の由紀子さんが「お店の常連さんで、怪奇現象に詳しい人がいてね」と話していたのを思い出して相談してきたという。

「いやあ、そう言われても、俺にはどうすることもできないなあ」

丸岡さんは脱帽するしかなかった。

「でも、興味深い話だな。その娘《こ》に一度会って、直接話を聞いてみたいな。その娘も、話せば気が紛れるかもしれないし……」

その後も男は頻繁に現れ続けたらしい。おかげで沙希は人間の殺害方法に極めて詳しくなっているようだと、丸岡さんは由紀子さんから聞かされた。

やがて沙希は高校を卒業すると、例の居酒屋へやってきた。由紀子さんの紹介で、丸岡さんは沙希と初めて顔を合わせた。

「作業服の男は、今も出るの？」

「いいえ……。最近は、もう出なくなりました」

おとなしそうな娘で、丸岡さんの質問には敬語で丁寧に答える。アイドルにでもいそうな、かわいらしい顔立ちをしていた。

「ただ……」

しばらく話を聞くうちに、沙希の顔つきが変わってきた。

「あたしいま、無性に人を殺してみたくて、殺してみたくて、堪らないんですよう」

別人のように目つきが鋭くなり、口調まで変わっている。作業服の男から指南された殺人に関する豊富な知識を試してみたくて、毎日うずうずしているのだという。

「ふふふ、ふふ……。あたし、丸岡さんも今すぐに、この場でも殺せますよ」

白刃のような眼光と挑戦的な口調――標的にされては敵わない。丸岡さんは圧倒され、早々に店から退散した。

それ以来、沙希とは会っていないが、そんな娘が現在の日本に少なくとも一人はいる、それだけは確かなことだと、丸岡さんは証言している。

ファイアガール

一男さんは高校生の頃に一つ年下の玲菜という少女と付き合っていた。彼は高校を卒業すると隣県の会社に就職し、そこで三つ年上の十和子さんと知り合った。次第に子供っぽい玲菜よりも大人の色気を感じさせる十和子さんに惹かれてゆき、玲菜とは別れてしまった。それから何年も会うことはなかったのだが、二人には共通の友人がいたので一男さんは玲菜の近況を知っていた。彼女は専門学校へ進学して、新しい彼氏もできたらしい。一方、一男さんはアパートで十和子さんと同棲を始めていた。

ある夜、彼はこんな夢を見た。

早朝か夕暮れか、薄暗い町を歩いている。

行く手に柵と線路があって、その向こうにセーラー服を着た玲菜が立っている。

一男さんは懐かしく思いながら呼んでみた。

「おおい、玲菜！」

玲菜はこちらを見たが、寂しそうな顔をしているだけで返事をしない。

おまけにいきなり彼女の胸元から炎が吹き上がった。オレンジ色の炎がたちまち全身に燃え広がってゆく。

「大変だ！」

一男さんは助けに行こうと柵を登りかけたが、そこへ列車が走ってきて玲菜の姿が見えなくなった。線路を渡ることもできない。

「玲菜！　玲菜あっ！」

必死に叫ぶと、目が覚めた。

「レナって誰のこと？　前の彼女？」

ダブルベッドの横で十和子さんが苦笑している。

一男さんは何も答えることができなかった。ほどなく十和子さんは気持ち良さそうに寝息を立て始めたが、一男さんは目が冴えてしまい、なかなか眠れずにいた。部屋の電気はすべて消してあったものの、暗闇に目が慣れて白い天井が見える。

部屋の隅のほうから、パシン、と乾いた音がした。そちらにはコンテナボックスが置いてあり、グローブとバットとボールが入っている。一男さんは中学校と高校で野球をやってきて、現在も職場の草野球チームに所属していた。

（何の音だろう？）

もう一度、同じ音が響く。一男さんがベッドから起き出すと、白い物が床を転がってきた。コンテナボックスに入れてあったはずのボールである。

（どうしてボールが……？）

不可解に思いながらも、ボールを拾ってコンテナボックスへ戻す。そのとき、室内が急に焦げ臭くなってきた。

（まさか、火事か⁉）

一男さんは電灯を点けて室内を見回したが、どこも燃えてはいない。あとは隣接した台所が気にかかる。そちらへ向かうと、焦げ臭さが一層激しくなってきた。

寝室から漏れる灯りを頼りに薄暗い台所を見渡せば――。

ガスレンジの前に人影らしきものが佇んでいる。

それは人の形をしていたが、全身が真っ黒に焼け焦げていた。人相どころか、性別さえわからない。

（うわっ、化け物だ！）

一男さんは声を発する余裕もなく、立ち竦んだ。

だが、すぐに黒焦げになった人影は消えていった。

一男さんは肩から背中へ悪寒が走るのを感じて気分が悪くなった。しかし火災の不安を思い出して我に返り、台所に踏み込んで電灯を点けた。どこにも炎は見当たらない。他の住人の部屋かもしれない、とアパートの外廊下へ出てみたが、煙が出ている部屋はないようだ。この夜はそれだけで済んだのだが……。

翌日、玲菜と共通の友人から電話が掛かってきた。

玲菜が亡くなった、というのである。

彼女は専門学校を卒業して就職したが、彼氏とはじきに別れた。彼氏が就職に失敗し、心が荒んで暴力を振るうようになったためらしい。玲菜自身の就職も失敗で、上司や先輩からセクハラやパワハラを受け、相談相手もおらず、半年ほどで会社を辞めている。同じ頃に新しく好きになった男がいたが、失恋しており、次の就職先もなかなか決まらなかった。それらのできごとが重なって次第に塞ぎ込むようになり、

「あたしなんか、もう生きていても意味がない」

「死んでやるわ！」

などと、言うようになった。そして家族の留守中に自宅の庭で頭から大量の灯油を被ってライターで火を点け、焼身自殺を遂げたそうである。

（やっぱり、昨夜の化け物は玲菜だったのか……）

一男さんは彼女が炎に焼かれる夢を見て、ひょっとしたら、と思っていたので合点がいった。思えば、パシンという音がしたのも、ボールが転がってきたのも彼女がやったことなのだろう。一男さんがまだ高校生で実家に住んでいた頃、玲菜が訪ねてきたことがあった。彼女は硬式野球のグローブとボールを見ると、興味津々とばかりに目を輝かせたものだ。

「これ、ちょっと付けてもいいですかあ？」

いいよ、と答えると彼女はうれしそうにグローブを左手に嵌めた。そのグローブにボールを放り込んでは、パシン、という乾いた音を立てさせたり、上に放ったボールを捕って無邪気に遊んでいたものである。

何年も前に別れたとはいえ、一男さんは玲菜の死に衝撃を受けた。気の毒に思うのと同時に、このアパートには一度も来ていなかったにも拘わらず、黒焦げの姿で現れたことが恐ろしく思えてくる。そこで彼はせめて冥福を祈ろうと、葬儀に参列することにした。ちょうど告別式の日は休日なので都合も良い。電話をくれた共通の友人は、高校時代の同輩とその彼女だったので彼らと一緒に行くことにした。

告別式の会場は大きな葬儀場であった。葬儀は順調に進み、一般席に着いていた一男さんにも焼香の順番が近づいてきた。彼が席を立って焼香台に向かったときのことである。

突如として、棺の上に玲菜の姿が浮かび上がった。無表情で、白装束ではなく、女子高生だった頃のセーラー服を着ていたという。

（ああっ！）

一男さんは周りを見回したが、誰も驚いている者はいない。玲菜の姿は彼にしか見えていないのだろう。経を唱えている僧侶まで無反応であった。

玲菜の胸元から炎が上がった。火の手が見る間に全身へ燃え広がってゆく。

場所が異なること以外は、夢で見た光景と酷似していた。燃え上がるオレンジ色の炎に包まれた玲菜は苦痛を感じていないのか、無表情のまま肌や肉が焼け爛れた上、焦げて真っ黒に変色してゆき、今にもこちらへ倒れてきそうに見えた。

「俺、駄目だ……」

一男さんは焼香を済ませることなく、その場から退いた。香典を出し忘れ、同席していた友人たちに声をかける余裕もないまま、葬儀場から逃げ出していた。帰路に車を運転している間も玲菜が追いかけてきそうな気がして、心が落ち着かない。

（何で？　何で俺なんだよ？　確かにおまえを振ったけど、自殺の原因を作ったのは、他の奴等じゃないのかよ？）

心の声で呼びかけてみたが、玲菜からの返事はなかった。

（お願いだから成仏してくれ。もう迷わないでくれ……）

帰宅した一男さんは、夜になってから一部始終を十和子さんに語った。本来なら玲菜のことは一切話さないつもりだったが、黙っていると不安が募って気が狂いそうだったし、思いつめた彼の様子を察した十和子さんが、

「どうしたの？　何があったの？　隠さずに話してみてよ」

と、言ってくれたからである。

とはいえ、相手が神出鬼没の死者とあっては、十和子さんにもどうすることもできず、唸るばかりであった。

その後も一男さんは度々、玲菜と遭遇した。

玲菜は黒焦げの姿で現れることもあれば、生前のセーラー服姿で現れることもあったという。一男さんは神社でのお祓いや寺での護摩焚きを受けたが、成果は上がらず、鬱病になって仕事を休み、アパートに引きこもるようになった。やがて職場から解雇されてしまい、ヒモ同然の暮らしをするようになると、十和子さんとの仲も悪化していった。

冬の晩のこと。

一男さんは生活費のことで十和子さんと口論になり、その直後、ライターと灯油が入ったポリタンクを持って外へ飛び出した。アパートの駐車場で灯油を頭から被り、ライター

で火を放ったのである。たちまち火達磨になった一男さんはけたたましい悲鳴を上げ、のたうち回りながら駐車場を出て路上に倒れた。それに気づいた十和子さんがバケツに水を汲んできて掛けたのだが、燃え盛る炎を消し止めることはできなかった。

二人の悲鳴を聞いたアパートの隣家に住む男性が、古い毛布を持ち出して救援に駆けつけた。毛布を被せると炎は消えたのだが、一男さんの全身は黒く焼け焦げていて、既に手遅れだったという。

「ぶ、ぶ、ぶぶぶぶっ……」

虫の羽音のような声音を発しながら、首を小刻みに左右に振ったかと思うと、まったく動かなくなってしまう。それが最期であった。

したがって、この話は一男さんから詳細を聞いていた十和子さんから伺った内容を基《もと》に再現した話であることをお断りしておきたい。

廃病院ゲーム

二十代の男性横山さんは、幽霊を見たことがなかったし、その存在を信じてもいなかった。ただ、仲間たちと肝試しをやって騒いだり、スリルを楽しむのが好きだったので、心霊スポットや廃墟によく足を運んでいた。就中《なかんずく》、地元近くの廃病院にはメンバーを入れ替えながら何度も行ったため、普通の肝試しでは飽きてしまった。そこである夜、趣向を凝らしたゲームを考案して開催することにした。そのルールは次の通りである。

・参加者各自が病院の入院服に似たデザインのパジャマを用意する。その服を着て、入院患者になった気分を味わう。
・明るいと怖くないので、懐中電灯は使わず、蝋燭を手燭に載せて火を点《とも》す。
・当日は全員が一階の受付前に集合する。横山さんが予め病院内から探し出しておいたカルテを全員に配付。それに各自がマジックで名前を記入する。
・最初に全員で一階の最奥に当たる部屋まで行き、カルテを置いてくる。その際に順路を確認させる。
・受付前に戻って本番開始。一人ずつ先程の部屋へ行き、〈自分のカルテ〉を取って皆が待つ受付前に戻り、カルテを提出してゲーム完了となる。
・カルテを持ち帰れなかった者は負け。他人のカルテを持ち帰った者は失格。敗者、失格者は全員にラーメンを奢ることとする。

女性は嫌がって誰も来なかったので、横山さんをはじめとする男性ばかり六人が、この悪趣味なゲームを行うことになった。受付前に集合した六人はまずパジャマに着替えた。メーカーまでは指定しなかったので、皆少しずつデザインが異なっている。

ジャンケンをして負けた者から先に出発することにした。

一番手、二番手の青年までは何事もなく戻ってきた。

横山さんは三番手である。しばらく廊下を進むと、脇にある部屋のドアが壊されていて、室内の中央付近に人影が見えた。入院服を着た男が、こちらに背を向けて佇んでいる。

(ああ、先に終わった奴が驚かしに来やがったな)

横山さんは失笑した。だが、蝋燭の灯りは彼の周りの狭い範囲しか照らしていない。なぜ部屋の中央付近にいる男の姿まではっきりと見えるのか？　それに男が着ている服は仲間たちのパジャマとはデザインが一致しないようだ。

(まさか、本物が……？)

少し驚いたが、まだ半信半疑だったし、ゲームの発案者としての立場上、負けたくはなかった。気づかないふりをして通り過ぎると――。

また廊下の脇にある部屋に誰かがいた。それも気づかないふりをして足早に通過し、最奥の部屋へ踏み込んだ。

ここには誰もいなかった。自分の名前を書き込んだカルテを引っ掴んで部屋を出る。

そこで不意に、背後から足音が聞こえてきたという。

折り返したばかりなので後ろには誰もいないはずであった。おまけに足音がおかしい。ガラスの破片を踏みながら歩くような音が聞こえてくる。廃墟なので足場が悪く、瓦礫も散らばっているのだが、その辺りにガラスの破片は少しも落ちていなかったのだ。

さらに、別の足音が新たに聞こえてきた。もう一人増えたらしい。

(まずいことになったぞ……。やっぱり本物だ……)

横山さんは怯えながらも平静を装って歩き続けたが、二人分の足音はずっと付いてくる。往路で人影と遭遇した部屋の中は見ないようにして先を急いだ。

受付前にいる仲間たちの姿が見えてくる。ゴールはすぐそこだ、と思ったとき――。

両肩を同時に叩かれ、

「そっちじゃないだろ」

という男の低い声が二人分、同時に左右の耳元で響いた。

横山さんは氷を耳孔に突っ込まれたような気がして震え上がった。鼓動が高鳴り、一気に冷や汗が吹き出してくる。

それでも振り返らずに前進して、仲間たちの前まで戻った。そこで恐る恐る振り返ってみると、廊下の暗闇に人影はなかった。何とかゲーム完了である。

「おい……。ちょっと、やばかったぞ」

彼は皆に危険を告げたが、四番手の青年は冗談だと思ったのか、

「俺はそんなに腰抜けじゃねえ。出てきたら封印してやるよ」

高笑いをしながら出発していった。

その青年と五番手の青年は何事もなく終わったらしい。それで誰もが横山さんの証言を信じなくなってしまった。

ところが、殿《しんがり》となる六番手の青年は出発したきり、なかなか戻ってこなかった。心配して全員で捜しに行ったが、一階にはどこにもいない。

「どこに行ったんだ？」

「しょうがねえなあ。上も捜してみようぜ」

二階へ向かうと、がらんどうになった広い部屋の中央に六番手の青年が立ち尽くしていた。両手を握って左右の顎の下に当てている。その姿は横山さんにある光景を連想させた。

首に、縄の輪を掛けようとしている——。

「おい、何やってんだ！」

横山さんは青年の肩を掴んで呼びかけた。

相手の反応はなかった。実際に縄がそこにあるわけではないが、同じ姿勢を取ったまま、虚ろな目を空中に向けているばかりなのだ。揺さぶっても反応がない。

頰を軽く叩いても駄目。何度も強く叩くうちに、相手はやっと我に返った。

「う、ううう……」

「どうしたっ⁉　何があったんだよっ⁉」

「……奥の部屋まで行って、カルテを取ったんだ。……そこから先、何をしてたんだか、全然覚えてねえんだよ」

青年は血の気の引いた真顔でそう答えた。


おまけにその後、この青年は急に塞ぎ込むようになって仕事を辞めてしまい、仲間とも会おうとしなくなって、数ヶ月後には本当に首吊り自殺を遂げてしまったという。

それを知った横山さんは肝試しに行くのをやめた。

この廃病院はのちに取り壊され、現在は売地となっている。

絶体絶命

群馬県は自然災害が少ないことで知られている。大きな地震があっても死者は滅多に出ず、海がないので津波の心配もない。古くから火山の噴火で多数の犠牲者が出たことが記録されているが、近年は大きな噴火もない。また、かつては夏に雷がよく発生し、落雷の被害が多かった。しかし、なぜかここ数十年で雷もすっかり減少している。台風による水害も少ない。困るのは一年中、風が強いことくらいである。気のせいだろうが、

「何か大きな力に守られているような気がする」

などと、真面目な顔をして語る人までいるほどだ。

怪談においても似たような話がある。

前橋市在住の弘貴さんは、二十歳の夏に車で海へ出かけた。彼女の茉里奈さんと、親友の健太さんが一緒であった。多くの群馬県人がそうであるように、海といえば太平洋側よりも日本海がある新潟県へ向かう。渋滞が少なくて行きやすいからだ。金がないので高速道路を使わずに国道十七号を北上し、利根郡みなかみ町の三国峠を越えて新潟県へ入った。

柏崎市鯨波で海水浴を楽しんで、その帰り道のことである。車は弘貴さんが運転しており、助手席に健太さんが、後部座席には茉里奈さんが乗っていた。往路と同じコースを順調に引き返し、日が暮れる頃には県境の湯沢町に入ったが、そこからなかなか先に進めなくなった。追い越し禁止の山道で前方にのろのろと走る軽トラックが現れたからだ。

「ばかにのれえ軽トラだなあ」

直線でも時速二十キロしか出ていない。弘貴さんは苛々してきて追い抜こうとした。そのとき、後部座席で居眠りをしていた茉里奈さんが突然目を覚まして叫んだ。

「駄目っ！　抜かないでっ！」

「何で？　こんな山奥に警察なんかいやしねえよ」

「とにかく抜かないで！　あの車がどこかで曲がるまで、絶対に近づかないでっ！」

弘貴さんがバックミラーを覗くと、茉里奈さんは表情を強張らせて前を走る軽トラックを凝視していた。辺りは濃い夕闇に包まれていたが、弘貴さんの車のヘッドライトが当たっているので、軽トラックの荷台に掛けられた緑色のナイロンシートがよく見える。留めてあるゴムが緩くてシートは時折風に捲れ上がり、中に積まれた農具が見え隠れしていた。

「遅すぎらあ。もう抜くぞ」

「あっ、今曲がるから！　それまで待って！」

軽トラックが左のウインカーを出して脇道へ曲がろうとしている。弘貴さんがその横を通り過ぎようとした瞬間、ナイロンシートがひと際大きく捲れ上がった。彼には何も見えなかったが、茉里奈さんが泣き出しそうな大声で叫んだ。

「入ってきちゃった！　入ってきちゃった！　入ってきちゃった！」

「何だって？　何が入ってきたんだよ？」

「さっきの車に変な爺さんが乗ってたのよっ！」

茉里奈さんの話によれば……。

軽トラックのシートが捲れる度に、荷台に座り込んだ小柄な男の姿が見えた。禿げ頭で作務衣を着た、毒でも食らったかのように顔色の悪い老人で、双眸をぎらつかせながら、

（おまえの車に乗せろ！）

と、彼女の脳裏に直接意思を伝えてきた。

「それで気づいたの、あれは生きた人間じゃないんだ、って。でも、ついさっき爺さんが飛び出して、この車に入ってきたの！　今もあたしの隣に座ってるのよ！」

老人は薄ら笑いを浮かべながら彼女のことを見つめているそうだ。

「あ、気持ち悪くなってきた！　駄目だ駄目っ！　もう吐きそう！　吐いちゃいそう！」

茉里奈さんが鳩尾《みぞおち》の辺りを押さえながら騒ぎ始めた。

車内で嘔吐されては敵わない。弘貴さんは道路の路肩に車を停めた。

「おい、吐くならちょっと、車から降りろよ！」

振り返って後部座席を見たが、老人の姿はない。弘貴さんは健太さんと顔を見合わせた。

健太さんにも老人の姿は見えないようで、首を傾げている。

「……平気……。もう治ったから……」

茉里奈さんは車から降りようとしなかった。一変して「大丈夫。大丈夫」と言い張るので、また車を発進させると、対向車線から白い車が近づいてきて擦れ違った。

「やだっ！　いやあっ！　また来たっ！」

「えっ？　何だよ？　今度はどうした？」

茉里奈さんによれば、白い車の上に白い服を着た女が乗っていて、それが擦れ違いざまにこの車へ飛び移り、老人の隣に座って一緒に薄ら笑いを浮かべているのだという。

弘貴さんがバックミラーを覗くと、茉里奈さんは強張った表情で震えていて、泣き出してしまった。弘貴さんには女の姿が見えなかったが、茉里奈さんが狂ってしまったようで恐ろしくなってくる。辺りが真っ暗な山の中であることも恐怖を増大させた。おまけに、

「うっ……やばい。トイレに行きたくなってきた！」

今度は弘貴さん自身が急に猛烈な尿意に襲われたのだ。何とか我慢していると、除雪ス

テーションを兼ねた無料駐車場の標識と灯りが見えてきた。公衆トイレのマークも描かれている。弘貴さんは広い駐車場に車を停めた。どこまでも山ばかりの上越国境とはいえ、観光客の車や輸送トラックが行き交う国道沿いだけに、他にも数台の車が停まっていた。

「悪い。ちょっと行ってくらあ！」

「あっ、俺も行く！」

健太さんも尿意に襲われていたらしく、走って跡を追ってきた。車から降りた茉里奈さんをその場に残して、二人がトイレに駆け込むと――。

生憎《あいにく》と満員であった。とても我慢できない状況である。二人はやむを得ず駐車場の端まで行って、立ち小便をすることにした。外灯と月の光が辺りを照らしている。

二人は同時に勢いよく放尿を始めた。このとき、舗装された地面に彼らの影が映っていたのだが、弘貴さんはふと、健太さんの向こうに三人目の影があることに気づいた。同じ姿勢で立っている。もちろん、周りには二人の他に誰もいない。

（姿の見えない奴がもう一人いるんだ！）

弘貴さんは仰天したが、今は逃げたくても放尿を止めることができなかった。健太さんを見れば、やはりこちらを向きながら「どうしよう⁉」と言いたげに顔を歪めている。

二人とも、まさに絶体絶命であった。

弘貴さんは三人目の影を見ないように努力した。見ればとり憑かれそうな気がしたからだ。長い放尿がやっと終わるなり、後ろを見ずに全力で駆け出す。健太さんも続いた。

車の前に戻ると、茉里奈さんは些か顔色が良くなっていて、弱々しいながらも笑みを浮かべた。

「一人減ったよ。爺さんのほうが出ていった……」

「えっ。じゃあ、あれがそうだったのか！　……で、女のほうは今もいるのか？」

「うん……」

「参ったな。でも、このまま前橋まで帰るしかねえんだよ」

弘貴さんは車を発進させて苗場のスキー場前を通過し、三国トンネルに入った。長いトンネルの途中で、前方に〈群馬県〉の道標が見えてくる。ここから先はみなかみ町だ。

「あっ、帰っていった！」

茉里奈さんが声を上げた。残っていた女が車から飛び出していったのだという。

峠を下って猿ヶ京の温泉街が見えてきた頃には、彼女も別人のように元気になった。

余談になるが、新潟県在住の方が群馬県へ来たときは、帰路に逆の現象が起こることがあるのだろうか？

ヤシガニ

南西諸島のある島で、かなり以前に起きたことである。月のない夏の晩、農業を営む大城さんは所用で別の集落に住む知人の家を訪ねた後、バイクに乗って帰宅しようとした。愛車のスーパーカブには荷台に大きな籠を取り付けてある。夜風を浴びながら海岸近くを走っていると、道路を横切ってゆく大きな生き物の影が目に入った。

（何だ、あれは？）

バイクを停め、ヘッドライトを向けてみて驚いた。

巨大なヤシガニが路上を這っている。体長五十センチ以上、左右の脚を広げた横幅は一メートルを優に超えて見えた。この島に長年住んでいる大城さんでも初めて目にする途轍もない大物であった。

（これはいい土産ができたぞ！）

彼はこれまでに沢山のヤシガニを捕ってきた。その腹部は時季によって猛毒を含むこともあるが、ハサミと脚は肉が多くてとても美味いのだ。その代わり、強大なハサミは凄まじい破壊力を持っていて、鋏まれれば大怪我をする。

大城さんは後方から甲羅を踏みつけた。ハサミは背中まで届かないので、普通のヤシガニならこれだけで動きを止められる。あとはハサミのすぐ後ろにある一番長い脚を引っ張り上げ、縄で縛れば良い。

だが、この大物は踏まれても激しくもがき続けていた。大城さんは逃がすまいと、より強く踏みつけた。彼は縄を持っていなかったが、咄嗟に首に巻いていたタオルを使うことを思いついた。ヤシガニの左右の脚を掴んで後ろ手にさせる。観念したのか、さほど暴れなくなり、タオルで両脚の関節を縛り上げることに成功した。羽交い絞めにされて身動きが取れなくなったヤシガニを「よいしょっ」と持ち上げ、バイクの籠に押し込んだ。

森に挟まれた道路を走っていると――。

ピイユウウウイッ！

近くで指笛の音がした。

大城さんは速度を落として左右を見たが、深い暗闇が広がっているだけだ。近くに民家は一軒もなく、夜はほとんど人通りのない場所である。気のせいかな、と思っていると、

ピイユウウウイッ！

また指笛が鳴った。

今度はすぐ後方から聞こえたので驚いた。バックミラーを覗いても、暗闇しか映らない。バイクを停めて、

「誰かいるのかあ？　おおい！」

声をかけてみたが、返事はなかった。

ヤシガニがギュッ、ギュッ、という短い音を発することもあるが、指笛の長く伸びる高音とは明らかに違う。

（変だな……）

何となく気味が悪くなってきた。早く帰ろうと、再び走り出す。

ところが、最初のカーブを曲がろうと減速した瞬間、どういうわけか急にタイヤがスリップして、大城さんはバイクごと転倒してしまった。右手と両膝を打ったが、意外なことにさほど痛くなかった。軽い擦り傷と打撲だろう。彼は立ち上がると、バイクをすぐに起こした。荷台の籠には蓋が付いていない。星の光を頼りに暗闇に目を凝らせば、籠の中からヤシガニが消えている。慌てて辺りを見回すと、四、五メートル離れた路上に動くものがいて、近くにタオルも落ちていた。

（あ、まだいるな）

大城さんは近づこうとしたが、途中で足を止めた。

ヤシガニの姿が変容していたからである。

そこには巨大な人間の髑髏があった。仰向いた状態で、発光しているのか、全体が青白く光り、暗闇でも二つの眼窩と鼻孔、並んだ歯などがはっきりと見える。両耳の辺りから長い脚が何対も生え出ていた。ごつごつして先が尖ったヤシガニの脚だ。そして顎の両脇からは一対の太やかなハサミが突き出している。下顎が本来ならヤシガニの頭部に当たるようであった。斜め前のほうへ這いながら、悠々と森へ入ってゆく。

大城さんはもう一度捕まえる気にはならなかった。バイクに跨り、猛スピードでその場から逃げ出す。

自宅へ帰ると、奥さんが悲鳴を上げた。

「どうしたんだ？」

同時に左手が燃え上がるように熱くなり、一目見て戦《おのの》かずにはいられなかった。左手の人差し指が第二関節から切断されている——。

赤黒い鮮血が衣服や床に迸っていた。急に激しい喉の渇きと悪寒を感じて、眩暈がしてきた。

傷口に泡盛を掛け、奥さんに細長く切ったタオルを幾重にも巻いてもらって横になる。

時間が経つと激痛が襲ってきて気が狂いそうになった。島には病院がないので翌朝まで必死に耐え、別の大きな島にある病院へ運ばれて治療を受けた。指一本を失ったものの、運良く命に別状はなかった。

（あのヤシガニに断られたんだろうか？）

大城さんにはそれしか心当たりがなかった。しかし一度も鋏まれた覚えはなく、バイクを運転することができた上、帰宅するまで痛みや出血に気づかなかったことが不思議に思えてならなかったそうである。

元プロボクサーが見たもの

ボクサーには相手から離れて動き回るボクサー型と、接近戦で打ち合うファイター型、両方できるボクサーファイター型がいる。元プロボクサーの武雄さんは〈打ち合い専門〉のファイターであった。相手のパンチをもらうことも多く、現役時代はいつも頭痛に悩まされていた。引退すると治まったのだが、じきに妙なものが見えるようになったという。

彼が所属していたボクシングジムの後輩で、途中からキックボクシングに転向した男性がいる。専門のジムに移籍したが、その後も交流があるそうだ。

ある日、レストランで一緒に食事をしたところ、後輩が意気揚々とこう語った。

「今度、タイに行くことにしたんスよ。やっぱ一度は本場のムエタイを経験してみたいんで。練習だけじゃなく、試合もやってこようと思ってます」

「そうか。がんばってこいよ」

激励した武雄さんは、ふと後輩の前に置かれた大きな透明のコップに目をやった。その水中に何やら小さなものが蠢いている。後輩がコップを手にしたので、

「おい、それ飲むな！」

と、制してコップを覗き込むと――。

赤褐色の蚊が入っていた。それも大群である。蚊は水面に浮かんでいるのではなく、水中を飛び回るように翅を広げて、所狭しと泳ぎ回っていた。

「うわっ、何だこの蚊は……？」

「いえ、自分には何も見えないんスけど……」

後輩が怪訝な顔をしている。武雄さんは状況を説明してやったが、後輩は、

「すいません。幾ら武雄さんの話でも、自分が見たものしか信じねえことにしてるんで」

少しすまなそうにしながらも、水を全部飲んでしまった。

それから四ヶ月ほどして、後輩から電話が掛かってきた。また一緒に食事をすることになったのだが、再会した後輩の顔は日に焼けてこそいたものの、げっそりとやつれていた。タイではバンコクの名門ジムで練習に励んでいたという。しかし、途中で蚊に刺されたことが原因でデング熱に罹り、病院に入院する羽目になった。退院してからも体力が十分に回復しなかったので、試合は一戦もできずに帰国したそうである。

「あのとき、武雄さんの言うことを聞いてれば、良かったのかもしれないっスね……」

後輩は肩を落とし、別人のように覇気のない声で言った。

生霊ノ左

　某市の役場での話である。五十代の女性中谷は、アルバイトの身でありながら所属部署では一番威張っていた。正職員が二年ごとの異動で頻繁に入れ替わり、仕事の内容を最も心得ているのが一番長く勤務している彼女になってしまったからだ。日頃から物言いがきつい上に、正職員や他のアルバイトが失敗すると、助けに入るどころか大騒ぎをするため、誰もが内心嫌っていたが、仕事はできるので解雇されることもなかった。

　その中谷が登山に行き、崖から転落したのである。仲間を引率して先頭を進んでいたが、登山道沿いに崖があったことから、

「ここは危ないよっ！　気をつけてねっ！」

　と、振り返った。そのとき、

「ああっ……」

　目には見えない何者かに左の手首を掴まれた感触があって、引っ張られたのだという。

　中谷は仲間たちが見ている前で崖から転げ落ちてしまった。命は助かったが、何度も岩に叩きつけられ、左の肘と左脇腹の肋骨、左の踝を折る重傷を負った。あまりの激痛に歩く

ことができず、ドクターヘリで病院まで運ばれたそうである。

そんな報告を中谷本人から電話で受けた鈴木係長は大喜びをした。仕事を切り回すのは大変だが、中谷に会わなくて済むとなると、実に楽な気持ちで仕事ができる。また、全治三ヶ月との診断書が出たので、それを理由に辞めてもらうことにした。

そして女性職員の沖本さんが、以前から面識があった山野さんという女性を紹介したので、後任として彼女を雇った。山野さんは仕事の呑み込みが早い上に穏やかな気質の持ち主だったので職場の雰囲気は良くなり、皆の仕事も捗《はかど》るようになった。

ところが、今度は職員やアルバイトが次々に怪我をするようになったのである。

初めは鈴木係長が通勤途中に自転車で転倒し、左腕を骨折してしまう。

続いて職場の階段で沖本さんが転倒し、左脇腹の肋骨にヒビが入った。

その後も二人のアルバイトが職場の廊下で転倒して、左手や左足を打撲している。

四人とも中谷と同じ身体の左側を負傷していた。

沖本さんは医師から、肋骨の骨折は自然に治癒するのを待つしか治療方法がない、と言われ、毎日脇腹の痛みに耐えながら出勤していた。ある日、彼女がコピーを取ろうとして席を立ったときに、近くにいた山野さんが叫んだ。

「沖本さん、気をつけて下さい！」

「えっ？」

沖本さんはきょとんとしながら立ち止まった。その直後、左手を強く引っ張られた気がして、身体が揺らいだ。脇腹に激痛が走る。

沖本さんは激しく呻きながらその場にしゃがみ込んだ。

「大丈夫ですかっ⁉」

山野さんが駆け寄ってきて、沖本さんに肩を貸し、椅子に座らせた。

沖本さんは顔を顰めて額から脂汗を垂らしていたが、徐々に痛みは治まってきた。

「何だろう？　腕を引っ張られて、足も蹴られたような感じがしたのよ……。咄嗟に立ち止まったから良かったけど、歩いているときだったら転んで大変なことになっていたかもしれないわ……」

沖本さんは山野さんに礼を言ってから、不可解に思ったことを口にした。

「でも、つまずくようなものはなかったのに……どうして声をかけてくれたの？」

「それは……」

山野さんは言い難そうにしていたが、やがてこんな内容の話を語った。

彼女には、この世にいないはずのものが見えることがある。職場に入ってから何日かして、五十がらみの女が時折姿を現すようになった。左腕を三角巾で吊っており、ギプスを嵌めた左足を引き摺っている。生きた人間と同じように見えるので、初めは同じ役場の別の部署で働く職員かと思っていたが、ギプスを嵌めているのに足音がしないし、誰とも話さず、いつの間にか姿を消している。それで、

（あれ、生身じゃないのか……）

と、察したそうだ。

そして先日、アルバイトの女性が職場の廊下で転倒するところを目撃した。あの女が女性に近づき、自由に動かせる右手で女性の左腕を掴んで引っ張り、体勢が崩れたところで右足を引っ掛けた。柔道技のような動作で、女性を簡単に転がしたのである。

さらについ先程、同じ女がコピー機の前にいきなり現れ、沖本さんを待ち伏せしているように見えたので、嫌な予感がした。今はもう姿を消しているという。

「ん……。その女って、どんな顔や格好をしていたの？」

「目が大きくて険しい顔つきをした、気が強そうな感じの人ですね。髪はショートカットで、痩せ型で、青いセーターを着て、グレーのロングスカートを穿いています」

「そ、それって、中谷さんじゃないの！」

山野さんは中谷と会ったことはないはずだが、その容姿が一致しているので、沖本さんは愕然とした。おまけに四人とも中谷と同じ身体の左側を負傷している。

「じゃあ、中谷さんは生霊になって、クビにした職場に復讐に来ているのね。しかも、自分と同じ目に遭わせようとして、左ばかり……。逆恨みもいいところだけど、あの人ならやりそうなことだわ……」

五人しかいない部署なので、この話はすぐさま全員に知れ渡った。既に四人が負傷していることから、山野さんの話を疑う者はいなかった。職場では誰もが中谷の襲撃を警戒するようになったが、その姿を見ることができるのは山野さんしかいないので、

「生霊が出たらすぐに教えてね」

「あなたが一緒にいると安心できるよ」

彼女は皆から頼りにされるようになった。

だが、そんな矢先——。

山野さんは昼休みに役場の階段から転落して重傷を負ってしまった。救急車が呼ばれ、病院へ運ばれる大騒ぎとなった。幸い命に別状はなかったが、しばらく入院する羽目になったのである。

沖本さんたちが見舞いに行くと、

「生霊にやられたんです……」

山野さんは覇気のない声で、次のような話をした。

昼休みになったので、彼女が食事に行こうと階段を下りようとしたとき、真下に突然、中谷の生霊が姿を現したのだという。

「あっ！」

逃げる暇などなかった。左腕を引っ張られて大きく前のめりになる。ほんの一瞬だったが、時間が止まったように思えて、中谷が笑う顔が見えた。勝ち誇った冷笑だ。すぐにその姿が消えて、山野さんは左腕と左肩、頭や胸を強打した後、激しく回転しながら階段を転げ落ちた。全身五ケ所を骨折、十ケ所を打撲していたが、いずれも身体の左側に集中していた。また、精神にも深い傷を負ってしまったらしい。

「あたし、もう駄目です……。今度仕事に行ったら、きっと、殺されます……」

すっかり弱気になり、自ら退職を申し出てきた。

こうしてまたアルバイトが一人減ったことから、人手が足りなくなり、求人募集を行うことになった。面接を受けに来る者は大勢いたが、なかなか条件に適う人材が見つからない。おまけに山野さんがいないと、中谷の生霊が襲ってきても気づかないことから、誰もが戦々恐々とした日々を送っていた。

そこへ鈴木係長が異動を命じられ、新しい係長が就任したのである。

すると驚いたことに、中谷がアルバイトの面接を受けに来た。

「まさか、嫌われてクビになった職場にまた応募してくるなんて……」

沖本さんは呆れ返ったが、中谷のことを詳しく知らない新係長は、

「私は来たばかりでまだ何もわからないし、見ての通りの人手不足だ。即戦力になる人がいてくれると助かるのでね」

と、彼女を採用してしまった。

それ以来、中谷の生霊が現れることはなくなったが、沖本さんたちは生身の中谷から毎日不快な思いをさせられている。

月下の土器

私が生まれ育った群馬県は、東日本の中では際立って大きな古墳が多い。そのため、考古学的にはどうしても古墳時代が注目されがちなのだが、山間や川沿いの地域などでは旧石器時代や縄文時代の遺跡が数多く発見されている。私自身は縄文ファンである。思えば私が小学生の頃は、まだ考古学の研究がさほど進んでいなかった。社会の授業で教師が、縄文時代と弥生時代の土器の模型を見せながら、こんな話をしたものだ。

「縄文土器は厚くて重くて、そのわりにもろいので割れやすい。弥生土器は薄くて軽くて、しかも丈夫にできている。つまり、弥生人のほうがいい土器を作っていたんだよ」

「縄文人は狩猟と採集をしながら獲物を追って旅をする、不安定な暮らしをしていた。弥生人は同じ場所に定住して稲作をする、安定した暮らしをしていた。弥生人のほうがずっと進んだ、いい暮らしをしていたわけだね」

教師は弥生時代人が縄文時代人よりもいかに優れていたかを力説した。

しかし、私は子供心に密かな反発心を抱いた。

（割れやすくても縄文土器のほうが派手でかっこいいし、一生同じ土地に縛られて米や野

菜を作る人生よりも、獲物を追って狩りをしながら旅をする人生のほうが、大変だろうけど楽しそうだな)

そう思ったのである。それから縄文の土器や土偶、住居跡などに心を惹かれるようになった。逆に、古墳や埴輪にはあまり関心が持てない。

さて、前置きはこれくらいにして、本題に入ろう。

矢瀬さんという男性は、東京都内にある工房で縄文土器を修復する仕事をしている。多くの場合、土器はばらばらに壊れた状態で出土するので、パズルを組み立てるように嵌め込まなければならない。細かい破片まで接着剤で接合させ、欠けた部分は石膏で補う。

矢瀬さんが縄文時代中期の大きな土器を修復していたときのこと。それは群馬県内の山の麓から出土したものだが、ひどく壊れていて、破片の数がとても多かった。専門家の矢瀬さんでも、最初はどの破片をどこに嵌めたら良いのか、さっぱりわからず閉口したという。連日深夜まで作業に励んだが、一向に捗らない。とくに、どうしても土器本体に接合できない破片が一枚あって悩んでいた。

そんなある夜。午前二時頃になると、矢瀬さんは眠くなってきた。そこで工房の電灯を消し、背凭れのある椅子に座って仮眠を取ることにした。

一時間ほど眠っていて……。

ふと目が覚めると、窓から青白い光が差し込んでいる。外を見れば、満月に近い大きな月が濃紺の夜空に懸かっていた。その光線から人間の手が浮かび出て、土器本体の一部分を指差している。女性を思わせる真っ白な手で、人差し指が長かった。

さらに矢瀬さんの耳元で、聞いたことのない言葉がはっきりと聞こえた。まるで外国語のようで何と発音したのかはわからない。ただ、女の澄んだ声で、

「ここよ」

と、教えられた気がした。

月光に輝く手は数秒で消えてしまったが、それが指差していた部分を矢瀬さんは覚えていて、ふと、例の破片のことではないか、と思った。そこで破片を土器本体に合わせてみたところ――。

何と、接合できる！

それから修復作業は捗り始めて、見事な縄文土器が甦った。

この土器は現在、出土した場所に程近い群馬県内の某施設に展示されている。

ハート形土偶

木崎暢也《のぶや》さんは専業農家で、平地の農村に先祖から受け継いだ広い田畑を所有している。一見長閑《のどか》な暮らしのようだが、隣に村山という仲の悪い一家が住んでいて、いがみ合うことが多かった。トラブルの原因は、かなり以前に村山が畔道を挟んだ木崎家の畑から、鍬《くわ》や鋤《すき》を使って少しずつ土を掻き出し、自分の畑に運んでいるのを木崎さんの父親が目撃したことにあった。

「そうやって、十年かけて一坪ずつ土地を増やしてきたんだな。この、土地泥棒め！」

父親が文句を言うと、村山も言い返してきた。

「何だと！　おめえの親父に取られた土地を取り返しただけだ！」

先代である木崎さんの祖父は既に他界しており、昔のことはわからなかった。父親は訴訟を起こすことも考えたが、田舎なので地代が安い。勝訴したところで大した利益にならず、それに費やす時間と労力を考えれば、我慢したほうがマシという結論に至ったようだ。

また、両家の境界には木製の塀が建っていたが、村山家はその近くに桜の木を植えていて、そこからアメリカシロヒトリの幼虫が大発生したのである。大木となった桜の枝葉は、塀を越えて木崎家の庭まで入り込んでいた。おかげで庭は毛虫の糞に汚され、枝から降りてきた数多くの毛虫が家屋の中まで侵入してくるようになった。人を刺す毒虫ではないが、見ていて気分の良い生き物ではない。

木崎さんの父親は村山に苦情を述べた。

「毛虫が家に入ってくるので、忙しいところを悪いが、駆除してもらえないだろうか」

顔を見るのも不愉快な相手とはいえ、揉めては面倒なので、やんわりと話をすると、

「わかった。やっておこう」

村山は珍しく素直に応じたものの、一向に毛虫が減ることはなかった。駆除しようとした形跡すらない。業を煮やした父親が抗議すると、村山は態度を一変させて開き直った。

「俺が毛虫を放してるわけじゃない。勝手に毛虫が湧いてきてるんだ」

「何だと！　駆除する気がねえなら、桜の木を伐ってくれよ！」

「あれは親父が俺の誕生を記念して植えてくれた大事な木なんだ。伐るわけにはいかねえ」

「ふざけるな！　それなら俺が伐ってやる！」

「伐っていいのはな、おめえん家《ち》の庭に入っている枝だけだ。法律でそうに決まってる。幹に少しでも傷をつけてみろ。器物損壊で訴えてやるからな！」

アメリカシロヒトリの大発生はその後も続いたが、木崎家では庭に入ってきた枝葉しか

伐採できず、毛虫を殲滅させることはできなかった。

年月が経って、平成八年のこと。

還暦を過ぎた木崎さんの父親は、縄文土器に興味を示し始め、地元の埋蔵文化財研究センターへ足を運ぶようになった。そこには土器などのレプリカを誰でも制作できる情報館があり、指導員もいる。

父親は指導を受けて縄文時代中期の火焔土器などのレプリカを作り、持ち帰ったが、一年ほど経つと、自宅の土間で独り気の向くままに制作を楽しむようになった。縄文人と同じ手法で作りたいと考えたようで、電気窯は使わず、消防署に届け出をしてから畑の隅で野焼きを始めた。

粘土はいきなり高温で焼くと割れるので、徐々に火力を上げなければならない。だが、温度調整が正確にできる電気窯とは異なり、野焼きの火力は不安定なので、純度の高い粘土では割れてしまう。そこでテラコッタと呼ばれる粘土を十に対し、川砂を三の割合で混ぜる。不純物が混ざった粘土は粘りと強度が増して割れ難くなるので、父親はそれを使ってさまざまな作品を造形した。

野焼きはコナラの薪で火を焚く。まずは土器をその近くに置いて炙り、炎の勢いが衰えてきたら、燠火の中に入れる。燠火で蒸し焼きにされた土器ははじめ真っ黒になるが、やがて白くなってゆく。そこで周りに新たな薪を積み上げ、もう一度盛大に火を焚くのだ。しばらくして炎が下火になると、茶褐色に焼き上がった土器が現れる。

父親は火が消えてから、前もって集めておいた大量の杉の葉を土器に被せて、もう一度蒸すことがあった。それによって土器は炭化して真っ黒になるが、濡れたような光沢が出て美しくなり、強度も増すのである。

さらに父親は土偶も作るようになった。土偶とは、縄文時代全般にわたって作られた土人形で、人間よりも宇宙人や怪物を思わせる姿をしたものが多い。その用途については、御神体として祀られていたとか、病気を治すための身代わりとして破壊するものだった、などの諸説があり、真相は定かでない。

平成十年に父親はハート形土偶と呼ばれる作品を作った。縄文時代後期の土偶で、高さ三十センチ余り、長い両腕を案山子のように広げている。胸には女性を思わせる乳房があって、腹が細くくびれており、両足は太い。頭部は名前の通りハート形で、太やかな高い鼻と丸い目があり、おちょぼ口で顎が尖っている。そして胴と手足には渦巻きや横線などの文様が数多く、これでもか、とばかりに施されていた。

「どうだ、今度の作品は？」

会心の出来だったのか、父親は満面の笑みを浮かべて完成した土偶を家族に見せた。当時木崎さんは二十歳で、晩婚だった父親は六十四歳、母親は五十一歳であった。

「変わった人形だねえ」

木崎さんは土偶の全身を覆った文様について、父親に訊ねた。

「何で、こんなに変な文様が沢山入ってるの？」

「さあ、そりゃあ俺にもわからねえ。本物の写真を見て、まねただけだからの」

「じゃあ、これは本物の土偶と全部同じ文様が入っているんだね」

「いやいや。これでもちっとは誤魔化しているんだ。他の土器や土偶もそうなんだが、本物の文様は複雑すぎて、全部は描き切れなかったんでのう」

父親は苦笑した。

木崎家は客間に床の間がある。父親はそこに土器や土偶を並べて飾っており、このハート形土偶も加わることになった。

それから数ヶ月が過ぎた晩夏のこと。

母親が急に「さっきから目が痛くて……」と騒ぎ始めた。右目が真っ赤に充血しており、涙が溢れて止まらない。

この日は暑かったので風通しを良くするため、家中の襖を開けてあった。居間にいた木崎さんは、何気なく隣室の客間に目をやって、異状に気づいたという。床の間狭しと並ぶ土器や土偶の中から、ハート形土偶だけが俯せに倒れていたのだ。地震があったわけではない。父親に知らせてすぐさま元に戻したが、目の縁が少し欠けている。それが母親と同じ右目だったので、父親は首を傾げた。

「はて、不思議なことがあるもんだ。偶然にしてはでき過ぎているような……」

不思議なことは他にもあった。この土偶は足元がしっかりしていて、滅多なことでは倒れない。仮に倒れたとしても、頭部は大きな鼻と尖った顎が前方に突き出しているので、目を打つことはなさそうに思える。ところが、鼻や顎に傷はなく、目の縁だけが欠けていたのである。

幸い、母親の眼病は何度か病院へ通ううちに快復した。

翌年、その頃は会社員だった木崎さんが夜勤明けで昼間、家にいたときのこと。居間で寝転がってテレビを見ていると、突然、右手首に激痛が走った。ぶつけたり、捻ったりした覚えはまったくないのに、骨が折れたか、と思うほどの痛みだったという。

(くうう……。これは、病院へ行かないと、駄目かもしれない)

　しかし病院までは遠くて、車を運転しなければ行くことができない。両親は畑仕事に出かけていて留守である。どうしたものか、悩む間も額から脂汗が噴き出してきた。木崎さんは歯を食い縛って耐えていたが、ふと、母親が眼病を患ったときのことを思い出した。

（もしかしたら……）

　客間へ行って床の間を見ると、ハート形土偶の腕の先が欠けて床に落ちていた。元々腕の先は杭のように尖っているだけなのだが、手首といえばそれらしい部分である。他に異状はなく、独りでに欠けたとしか思えない状態であった。

（これが原因なんだろうか？）

　木崎さんは気味が悪くなってきたが、じきに妙案を思いついた。激痛に耐えつつ、接着剤を持ってきて、欠けた土偶の手を元通りに貼り付けたのだ。

　すると、手首の痛みはたちまち治まったものである。

　帰宅した両親にこのできごとを伝えたところ、父親は苦い顔をした。

「またそんなことが……？」

「やあねえ。あの人形、何だか怖いよ」

　母親がそれ以上に苦い表情を浮かべて訴えた。

「早く捨てたほうがいいんじゃないの」

だが、父親は難しい顔をして黙り込み、ハート形土偶を処分しようとはしなかった。

やがて隣の村山家との間に新たなトラブルが発生した。

村山が境界の近くにわざとエノキの大木を植えて、木崎家の日当たりを悪くさせたり、笹を繁茂させるようになったのだ。とくに笹は厄介で、広く深く根を張って境界の塀を少しずつ持ち上げ、一部を半壊させながら木崎家の庭へ侵入してきた。

しかもそこから、タケノホソクロバという蛾の幼虫が大発生したのである。このオレンジ色の小さな毛虫は人を刺す。それを知らずに母親が素手で笹を刈ったところ、両手の掌から肘まで真っ赤に腫れ上がってしまった。

父親が手袋と長袖の衣服を着用して片っ端から笹を伐り倒したが、根を滅ぼすことはできず、その後も毎年春になると新しい笹が頭を擡げてきた。何度も抗議したものの、

「うちの土地に生えてる笹を、何でおめえん家のために伐らなきゃならねえんだい」

と、村山は嘲笑うばかりであった。村山家の庭は木崎家の庭よりも広く、桜や笹は家屋から離れた場所に生えているので、屋内に毛虫が侵入することはなかったらしい。

また、木崎家では長年、虎猫を大事に飼っていた。田舎なので自由気ままな放し飼いにしていたが、その猫がある日、頭から血を流して帰ってきた。どうやら棒で殴られたか、

石をぶつけられたようである。村山は大の猫嫌いで知られていたので、

「この村で、こんなことをするのはあいつしかいねえ」

父親は猫の傷の手当てをしてやりながら悔しがったが、証拠がないので抗議することもできなかった。こうなると、猫を放し飼いにすることも難しくなってきた。

それから、まもなく——。

村山家の長男が車を運転中に交通事故を起こして右足を骨折した。

翌年には次男が恐喝事件を起こして警察に逮捕されている。

主の村山は頻繁に高熱を出して何日も寝込むようになった。病院で検査を受けてもはっきりした原因はわからず、困っているらしい。

さらに、でっぷりと太っていた村山の妻が足腰の激しい痛みに悩まされるようになった。

木崎家は村山家との付き合いを断っていたが、村内には共通の知人が多いので、それらの情報はすぐに入ってきた。

「ざまあねえや」

父親は隣家の話題が出る度に冷笑を浮かべ、吐き捨てるように呟いた。その残忍そうな口調と表情は、これまでに見せたことがないものだったので、木崎さんは薄気味悪く思ったという。

そんなある日、木崎さんは客間に置いてあったハート形土偶が、いつの間にかなくなっていることに気づいた。父親に訊くと、

「あれは物騒なものだから、処分した」

「どこかに捨ててきたの？」

「いや、お寺さんに供養を頼んで引き取ってもらったんだ。だからもう、心配するな」

というのである。

村山家の不幸と災難はその後も続いた。

三十歳になった長男は結婚して庭に新居を建てたが、二年で離婚し、次男は二十七歳のときに強姦未遂事件を起こして、再び警察に逮捕されている。

村山と妻は一層病弱になり、所有している田畑は荒れていった。長男は公務員、次男はフリーターで、どちらも農業を受け継ぐ気はなかったらしい。そのため村山夫妻は何とか田畑に出て働こうとしたが、作業中に妻が倒れ、呆気なく死んでしまった。

享年六十七。急性心筋梗塞であった。

残された村山も肺炎を起こして病院に入院している。

翌年、七十三歳になった村山は、自宅で首を吊った。身体が思い通りに動かなくなったことから鬱病になり、自死を選んだのである。

のちに二人の息子は不便な農村の暮らしを嫌って、都市へ移り住んだ。村山家の土地家屋はすべて放置され、今では荒れ放題になっている。

平成二十六年に木崎家では、父親が八十歳で病没した。亡くなる前に父親は病院のベッドに横たわって、こんな話をしたという。

「この頃、村山の野郎が夢に出てきて、どうも寝覚めが悪いんだ」

木崎さんは返答に困って苦笑した。

「昔、俺が作った土偶を覚えているか？　顔がハート形をした奴を」

「ああ。それなら覚えているよ。お寺さんに持っていった奴だろう」

「そうだ。……あれ、本当はな、お寺さんには持っていかなかったんだ」

「えっ？　じゃあ、どこに……？」

「村山ん家さ。あの家は平日の昼間、誰もいなくなるんだ。それを知ってたから、土偶を持って忍び込んで、〈皆殺しにしてくれ〉と念じながら、床下に置いてきてやったのさ」

「じゃあ、隣の夫婦があんな死に方をしたのは、そのせいで……？」

「あの家に誰もいなくなってから、一度床下を覗きに行ってみたことがある。あの土偶、バラバラになっていたぜ」

父親が笑った。その目は、老いた病人のものとは思えないほど、ぎらぎらと光っていた。

父親の話によれば、ハート形土偶の胴と手足はすっかり崩れ切っていたが、頭部の四分の一だけは原形をとどめていた。片目が残っていて、その縁が少し欠けている。こちらをじっと見上げているようで、父親でも総身が冷たくなったそうだ。

「だけど、あれはレプリカだったんだろう？　どうしてそんな力があったんだろうね？」

木崎さんは疑問を口にしたが、父親もわからないようで返事はなかった。それでこの疑問は、父親の死後も木崎さんの心の底に引っ掛かることになったという。


彼は縄文土偶について調べるようになり、考古学に詳しい女性と親しくなった。そこで父親の話をした上で、本物のハート形土偶を発掘した人物や保存している施設の関係者が祟られた例はあるのか、と訊いてみたが、そんな話は聞いたことがない、と言われた。

ただ、彼女はしばらく考えてから、

「これは与太話だと思って聞いて下さいね。……縄文土器や土偶の文様の中には、縄文人が使っていた文字が含まれているのかもしれない、と考えている学者や考古学マニアがいるらしいんです。まあ、本当かどうか、わかりませんが……」

と、照れ臭そうに笑いながら説明を続けた。

「一部の土偶や土器は御神体として祀られていたようですから、あの複雑な文様は呪文なのかもしれません。もしそうだとしたら、一つまちがえると恐ろしいものだということになります」

「どういうことですか？」

「正しい呪文さえ描かれていれば、それは人を守ってくれるものになるでしょう。でも、祟りを起こす呪文が描かれていたとしたら、どうなると思います？」

「親父が描いたのは、その、祟りの呪文だった、ということですか？　……親父は、文様の意味さえ、よくわかっていなかったようですが……」

「ええ……。現代に解読できる人間なんて、誰もいませんよ。でも、お父様が本物のまねをするうちに偶然、誤って祟りの呪文を描いてしまった、ということはないでしょうか」

いつしか彼女の顔から笑みが消えていた。目元を翳らせている。

「……そんなことが……？」

「あるかもしれません。ゼロに限りなく近い、物凄く低い確率ですけど、偶然の一致があったのかもしれませんよ」

木崎さんは寒気を覚えて、しばらくは何も言うことができなかった。

御見舞い

北海道で生まれ育った沙英子さんは、十歳の頃、学校から帰ってくると風邪を引いたのか、急に頭が痛くなった。熱を計ると三十七度を少し超えている。母親から「薬を飲んで寝ていなさい」と言われ、彼女は自室のベッドに入った。

眠っていると夜中に目が覚めた。電気は豆球しか点けていなかったはずなのに蛍光灯が点灯している。

（お母さんが様子を見に来てくれたのかしら……？）

彼女がそう考えていると、人の声がして、いきなり見知らぬ男たちが上から覗き込んできた。七、八人はいただろう。全員がトレーナーにジーンズ姿の欧米人である。若者から年寄りまでいたが、女は一人もいなかった。ベッドをぐるりと取り囲まれてしまう。

沙英子さんは不思議なことに恐怖を感じなかった。熱のせいで思考力が低下していたか、あるいは欧米人たちが柔和な笑みを浮かべていたからかもしれない。

「やあ。御見舞いに来たよ」

映画スターの誰かに似た長身でハンサムな若者が進み出て、完璧な日本語でそう言った。

そして緑色をした小さな物を一粒、こちらへ差し出す。

釣られて手を出すと、飴玉であった。

「それは薬だ。よく効くよ」

沙英子さんは飴玉を口に入れた。爽やかなメロンの香りがして気分が良くなってくる。熱が下がりそうな気さえしてきた。


「あっ！」

部屋の出入り口のほうから母親の叫び声が聞こえた。

外国人たちは「バーイ」と手を振って一斉に姿を消してしまう。

「ねえ！　今のは何よ？」

母親が目を見開き、おろおろしながら近づいてきた。

「……外人さんが大勢、御見舞いに来て、飴玉をくれたの……」

「何言ってるの！　真っ青な影がおまえを取り囲んでいたんだよっ！」

母親は今にも泣き出しそうな顔をしている。高さ一八〇センチを超える木芥子《こけし》のような形をした青い影が七、八体もベッドの周りに立っていたという。

「ううう……」

沙英子さんは口に含んでいた飴玉を床に吐き出した。急に物凄く苦い、嫌な味になってきて我慢できなかったのである。吐き出した飴玉はフローリングの床を少し転がったが、たちまち溶けてしまった。

それから沙英子さんの体調は急激に悪化していった。

翌朝から四十度の高熱が出て、眠っていると夢に昨夜の欧米人たちが現れた。昨夜とは別人のように怖い顔をして、何事か口汚く罵りながらこちらへ迫ってくる。まるで悪鬼の群れのようであった。沙英子さんはひどく魘され、凄まじい悲鳴を上げて目を覚ました。

「病院へ行こう。車に乗れるかい？」

母親に促されたが、立ち上がることができない。

そこで医師に往診してもらったものの、注射を打たれてもなかなか熱が下がらず、眠れば同じ悪夢に何度も魘される。目が覚めているときは、あの飴玉の物凄く苦い味が口の中に残っているようで気分が悪くて堪らなかった。

翌日には救急車で病院へ運ばれて三日間入院することになり、熱が下がって学校へ行けるようになってからも、半月ほどは体調が優れなかったそうである。

上段の剣

実話怪談ファンで大阪府在住のゆきえさんから伺った話である。彼女が地元でタクシーに乗ったところ、渋滞に巻き込まれた。目的地に着くまでに時間がかかりそうなので、ゆきえさんは以前からやってみたくて堪らなかったことを実行したという。

「運転手さんは、怖いお話って、何か御存知ですか？」

「そんなもん、あるかいな」

五十代後半と思しき運転手は素っ気なく答えたが、少ししてこう付け加えた。

「俺だけが怖かったことなら、あるんやけど……」

「ぜひぜひ！」

「姉ちゃん、フライパン振れるか？　無理やろ。俺、プロ並みに振れるねん」

その運転手は妻に愛想を尽かされて熟年離婚をし、二年前からマンションを借りて独り暮らしを始めたのだが、それがきっかけで料理が趣味になった。道具にもこだわっており、某社製の深くて大きなフライパンが気に入っていた。

ある日、彼は中華丼を作ろうと台所に立った。いつものように油と食材を入れ、ガスコンロの上に置いてあったフライパンの取っ手を掴んで持ち上げる。

（さあ、ここからが腕の見せどころや）

そこへ突然、背後から足音が聞こえてきた。彼が思わずフライパンを持ったまま振り返ると——。

月代《さかやき》を剃って髷を結い、紺色の和服を着た男が立っていた。三十代半ばくらいの痩せた男で、中背の運転手よりも少し背が低い。無表情で何も言わず、頭上に掲げた両手には抜き身の剣が握られている。

男は上段に構えた剣を一気に振り下ろしてきた。

フライパンが真っ二つに裂けて、前半分が落下する。

（ほえええええっ！）

運転手は絶叫しかけたが、実際には声が出なかった。

運が良かったのか、怪我はしなかったものの、油と食材が飛び散って台所はひどい有り様になった。見れば取っ手が外れたわけではなく、頑丈なフライパンの本体が斜めに切断されている。居合で竹でも斬ったような、豪快にして鋭利な切り口であった。

侍らしき風体の男は、いつの間にか姿を消していた。

「せやけど、同僚に言うたら笑いおってな。せやから、あんまり言いたくないねん」

運転手はフライパンを製造販売している会社に苦情の電話を掛けようかと思ったが、会社のせいでもなさそうだし、信じてもらえる気がしなかったのでやめた。彼は今でも同じマンションに住んでいる。それきり侍らしき風体の男とは遭遇していない、とのことだ。

東へ行け

三十年ほど前、新田さんが小学五年生の夏休みの話である。彼は工作の宿題として木彫りの鯨を作ることにした。木屑が散らかるので庭の木陰で作業をする。始めは彫刻刀を使っていたが、どうしても綺麗に彫れない部分があった。悪戦苦闘していると、それを眺めていた父親が、

「こいつを使ってみろ」

木工用のナイフを出してきて貸してくれた。父親の趣味は日曜大工なのだ。折り畳み式のよく切れそうなナイフで、刃が銀色に輝いている。

新田さんは喜んで使い始めた。ところが、鯨の口に当たる部分の材を抉ろうとして、鋭く尖った刃先を強く差し込むと、意外にも簡単に折れてしまった。わずか三ミリ程度の欠損だが、明らかにナイフの形は悪くなった。

（まずいなあ。どうしよう……）

父親は厳格で気が短い。口より先に手を出すこともある。今日は機嫌が良くて優しかったが、これを知ったらひどく怒るに違いない。新田さんは竦み上がってしまった。

（ばれるまで黙っているしかないか……）

ナイフを父親の工具箱に戻した。

「お父さん、ナイフありがとう。戻しといたよ」

父親は「おう」と答えただけで工具箱の中を調べようとはせず、午後三時頃から仕事に出かけていった。父親が働く工場は三交替勤務なのである。

（今のうちに何とか直せないかなぁ）

新田さんはまた工具箱からナイフを取り出して考え込んだ。彫刻刀セットに付いていた砥石でしばらく研いでみたが、当然元の形には戻らない。

悩んだ挙句、〈苦しいときの神頼み〉というやつで、ナイフを持って近所にある小さな神社へ向かった。有名な神社の分社で、用水路の畔に入口を示す鳥居と灯籠があり、その奥に社殿が建っている。社務所はなく、普段は神職もいない。新田さんは賽銭箱に五円玉を投げ込むと、両手を二度叩き合わせて長いこと祈った。

（このナイフを元通りにして下さい！）

少しして境内で刃を広げてみたが、元通りにはなっていなかった。

（ああ、やっぱり駄目だよな……。神様なんていないんだ……）

それでも帰宅してから工具箱に戻す前にもう一度、刃を広げてみた。ほぼ諦めていたが、そうせずにはいられなかった。

次の瞬間、彼は我が目を疑い、やがて歓喜に身を震わせた。

刃先が尖って、きらりと銀色に輝いている――。

ナイフは元の状態に戻っていたのである。


それ以来、新田さんはこの神社に祀られている神を信仰するようになった。年に五、六回参拝する程度だったが、成人になって仕事が軌道に乗ってからは毎回五百円を奉納していた。

彼が三十一歳になったとき、酒が好きだった父親が肝臓癌を患った。気づいたときには既に他の臓器にも転移していて、医師からは「あと二ヶ月の命」と宣告された。

父親はこのとき六十二歳。気性が激しくて怒ると怖いが、曲がったことが嫌いで、酒を飲んで暴れたことは一度もなかったし、過酷な三交替勤務の仕事を定年まで勤め上げて家族に何ら不自由のない暮らしをさせてくれた父親であった。

(せめて、あと二、三年……いや、一年でもいいから生かしてあげたい)

新田さんは件の神社へ願掛けに行くことにした。大きな願いごとなので賽銭箱には一万円札を入れて祈った。祈りを終えて帰ろうとすると――。

すぐ背後に人が立っていたので驚いたという。

白一色の袍《ほう》と袴を身に着け、黒い冠を被った小柄な初老の男である。能面の翁が髭を剃り落としたような顔立ちで、黙ってこちらを見ていたが、

「東へ行け」

という言葉が新田さんの脳裏に響いた。

同時に男の姿は消えてしまった。

（……今のが、神様？）

新田さんは愕然としたが、すぐに先程の言葉を思い出した。

――東へ行け。

言葉通りに神社から東の方角へ歩いてみたが、何があるわけでもない。そこで帰宅してから母親と、現在はよそに住んでいる弟妹を呼んでこの話をしてみた。

「それはもしかすると、お父さんを別の病院へ移せ、ってことじゃない？　東のほうにはもっと腕のいい医者《せんせい》がいるのかも……」

妹が思案した末にそんなことを言い出した。

「そうかもしれないね」

「きっと、そうだろう」

「よし。そうしよう」

父親に残された時間は少ししかない。すぐに東の方角にある別の病院を探してみると、五十キロほど東に癌の治療ができる大きな病院があることがわかった。

そこで急遽、転院させたのだが……。

その病院の担当医からも、

「できる限りのことはやってみますが、助かる人は百人に一人ぐらいしかいません。極めて難しい状況です」

と、告げられた。

父親の癌は進行が早くて、一ヶ月後には全身に転移した。痛み止めのモルヒネが投与され始めると、もはやどうすることもできず、一週間後には他界してしまった。

神社に現れた男が本当に神だったのか、「東へ行け」という言葉の解釈が本当に正しかったのか——今となってはわからない。ただ、新田さんはそれ以来、件の神社へ参拝に行くのはやめてしまったそうである。

マサルの家

昔、成人の日のことである。俊太は小学六年生であった。祝日で両親は朝から外出しており、俊太は一人で留守番をしていた。彼は漫画家になるのが夢で、休日はあまり外出せずに作品を描いていたという。

午前十時頃、不意にマサルが車を運転して訪ねてきた。彼は母方の従兄に当たる十八歳の青年である。

「うちは今日、お祝いなんだ。親父から、俊ちゃんを連れてきてくれ、と頼まれたんだよ。一緒に行こう」

俊太は昆虫を主人公にした漫画を描くことにしていたので正直なところ、迷惑な話だな、と思った。

「漫画が描きたいなら道具を持ってきて、うちで描けばいい。さあ、行こうよ。早く早く」

言葉は優しいが、マサルは強引で断り切れず、俊太は渋々車に乗った。連れてゆかれたのは母親の実家で、桑畑に囲まれた大きな家である。大勢の見知らぬ大人たちが広い座敷に集まって酒を飲んでいた。伯父や伯母などのよく知った親戚がいるはずなのに、誰もいない。俊太は不思議に思ってマサルに訊ねた。

「伯父さんや伯母さんは？　今日は何のお祝いなの？」

しかし、マサルは微笑むばかりで質問に答えず、

「俺は他の親戚を呼びに行かなきゃならないから。俊ちゃんはここにいておくれ」

そう言い置いて出かけてしまった。

困惑していると、大人たちから席に座るように勧められ、天婦羅や寿司が運ばれてきたが、何を食べてもまずい。これまでに味わったことがないほどのまずさである。食欲が失せたのでコーラだけを飲んでいた。話し相手がいなくて退屈だし、心細くなってくる。それを察したのか、隣席にいた女が、

「テレビでも見ておいでよ」

と、勧めてくれたので、俊太は誰もいない洋間に行ってテレビを点けた。幼い頃からこの家には何度も来ていたから、家の間取りはすっかり頭に入っていたのだ。

ところが、どのチャンネルも彼の興味を惹く番組は放送していなかった。そこで持参した鞄から紙とペンを取り出して、漫画を描き始めた。

一時間ほどして、ヒーローであるカブトムシが活躍するクライマックスシーンに入ったとき、ドアが開いて、長身でがっちりした中年の男が洋間に入ってきた。伯父である。俊

太が挨拶をしようとすると、伯父は大きな丸い顔を紅潮させて怒鳴った。

「せっかく呼んでやったのに！　みんなと話そうともしねえで漫画を描いてるとは、礼儀を知らねえ奴だなっ！」

物凄い剣幕なので俊太は怖くなったが、同時に怒りも込み上げてきた。

（来たくもないのに、無理矢理連れてこさせたのはそっちじゃないか。踏んだり蹴ったりとはこのことだよ！）

と、言い返してやりたかったが、伯父の迫力に圧されて言葉が出てこない。

「お、伯父さんは……」

やっとの思いで、死にかけた虫の羽音のような声を絞り出すことしかできなかった。

「何で、僕を呼んだんです、か？」

伯父が見下したように、ふん、と鼻を鳴らした。

「もうじきマチコが成人式から帰ってくる。おまえにも、あの子の姿を拝ませてやろうと思ったのだ」

「……マチコって？」

聞いたことのない名前であった。

「何言ってるんだ！　うちの娘だ！　おまえの従姉だろうが！」

伯父は吐き捨てるように言って、部屋を出ていった。

(そんな従姉がいたなんて、今まで知らなかったぞ)

俊太は唖然としてしまった。

やがてエンジン音が聞こえてきたので外を見ると、車が庭に入ってきた。運転席から伯母が降りてくる。

さらに助手席のドアが開いたが、誰も降りてこない。そして独りでにドアが閉まった。

座敷にいた大人たちが次々に庭へ出てくる。誰もいない場所にカメラを向けて写真を撮ったり、

「綺麗だねえ」

「マチコちゃん、立派になったねえ」

などと、誉めそやしていた。

(みんな狂ってるんじゃないか!?)

異様な光景に俊太は気味が悪くなってきた。大人たちはまた座敷へ戻って宴会を再開したが、洋間から出る気になれなかった。

しばらくして、見知らぬ親戚の男女を乗せたマサルの車が戻ってきたので、

「もう帰る! 送ってよ!」

マサルに縋りつくようにして頼んだ。

すぐに送ってもらえることになり、少し安堵した俊太は帰路の車内で、

「マサルちゃんにお姉さんがいたなんて知らなかったよ」

不可解に思ったことを伝えた。

「はあ……？　俺に姉さん？　何言ってるんだ。俺も俊ちゃんも一人っ子じゃないか」

マサルが目を丸くしながら言う。

それからの会話はひどくちぐはぐなものになった。マサルの話によれば、彼の家で祝いの宴会などしていないし、大勢の親戚を呼んでもいない、そもそも今日は俊太が電話を掛けてきて「遊びに行きたいんだ」と言ったから迎えに来たのだ、そして元々用事があったので、それを済ませて戻ってきたところだったという。

午後三時過ぎに、わけがわからないまま俊太は自宅へ戻った。両親は既に帰宅しており、マサルも立ち寄って、お茶を飲みながら二時間ほど談笑して帰っていった。

その車を見送ってから俊太は両親に訊ねた。

「ねえ、マチコって知ってる？」

二人は顔を見合わせてから、同じ言葉を口にした。

「知らないよ。誰のことだい？」

まるでマサルの家に着くなり眠ってしまい、ずっと悪い夢を見ていたかのようである。だが、鞄を開けてみると、昼間描いた記憶のある漫画の原稿が出てきた。それは主役のカブトムシが悪役のゴキブリ軍団と戦い始めたクライマックスシーンの始まりで途切れている。確かに、眠っていたわけではなかった。

腑に落ちなかった俊太は数ヶ月後、伯父や伯母と会ったときに成人式の日のことやマチコについて訊いてみたことがある。

伯父は当日の様子を覚えていた。

「ああ、せっかくうちに来たのに独りで漫画ばかり描いているから、ちょっと注意したのは覚えているよ。でも、怒鳴りはしなかったけどなぁ。……マチコ？　いや、うちにそんな娘はいないよ。不思議な話だね」

その口調は、あの日とはまったく異なる優しいものであった。

リサイクル地蔵

会社員の男性武藤さんが、元同僚の篠崎さんから聞いたという話である。

篠崎さんは休日にリサイクルショップを訪れた。従弟の結婚式でもらったきり使っていなかった食器を売りたかったのだ。そこは薄暗い、小さな個人商店であった。価格が査定されるまでに少し時間がかかるというので、暇潰しに店内を見て回ると、一体の地蔵が赤い前掛けを提げて床に置かれていた。

（地蔵までリサイクルかよ）

篠崎さんは呆れたが、すぐに考えが変わった。

地蔵は高さ六十センチ、胴の横幅は三十センチほどで、少し埃を被っていたが、石は丁寧に磨かれていて麗《うるわ》しい。横一文字の細い目と引き結ばれた口元は優しそうで知性も感じさせる。眺めているうちに勃然《ぼつぜん》と欲しくなってきた。購入して車のトランクに積み、自宅へ持ち帰ると、埃を拭き取って玄関に飾る。

篠崎さんの妻は婦人病に悩まされていて、夫妻は不惑を越えても子供がいなかった。

「この地蔵さんがおまえの病気を治して、子宝も授けてくれるかもしれないよ」

彼は妻を励まし、地蔵に向かって合掌した。

ところが、翌日から妻が家事を怠るようになった。いつも暗い顔をしていて、急に泣き喚いたり怒鳴ったりする。

ある日、夜明け前に篠崎さんが目を覚ますと、隣で寝ているはずの妻の姿がなかった。ベッドから起き出して捜したところ、妻はパジャマ姿で玄関に佇んでいた。

「どうした？　何を……」

篠崎さんは絶句した。

目の前で妻が地蔵に向かって白くて丸い物を落としたのである。丸い物は地蔵の頭に当たって破裂した。生卵であった。黄身と白身が混ざり合って地蔵の胴体に垂れ、妻の足にも飛沫が飛んだ。見れば妻の足元には、他にも割れた生卵の殻が幾つも転がっている。

「馬鹿っ！　地蔵さんに何てことするんだっ！」

「何……？　何でそんなに怒るの？　あたしは悪いことなんかしてないよっ！　この子が卵を食べたいって言うから、あげてただけじゃないのっ！」

妻は血色の悪い顔をして、目を剥きながら叫んだ。瞳の焦点が合っていない。幻覚が見えているのだろう。妻が精神を病んでしまったことはわかったが、篠崎さんは怒りを抑えることができなかった。

「このキ××イめ！」

妻の髪を掴んで引っ張り、頭に拳を何発か振り下ろす。甲高い悲鳴が上がった。さらに妻が倒れると、その脇腹や背中などを何度も容赦なく踏みつけた。

「やめてっ！　あたしは悪くないよっ！　人殺しーっ！」

人殺し、と呼ばれて篠崎さんは我に返り、攻撃をやめた。妻は泣きながら衣装箪笥がある部屋まで這ってゆき、衣服を着替え始めた。そして夜が明けると、化粧もせずに乱れた髪のまま財布と貯金通帳だけを持って家を出ていったが、篠崎さんは止めなかった。

地蔵に目をやれば、頭から両足までどろどろした卵の黄身と白身に覆われている。雑巾で拭き取ろうとしても、なかなか綺麗にならない。出勤時間が迫ってきたので遅刻ぎりぎりで会社に行ったが、地蔵のことが気になって仕事は手につかず、失敗を繰り返した。

「家の都合で……」

と、残業を断って帰宅し、庭で地蔵を洗ってやった。赤い前掛けも外して洗濯する。地蔵の横一文字の両目がうれしそうに微笑んでいる——そんな気がした。

妻は隣の市にある実家へ帰っていた。電話を掛けたが「二度と戻りたくないわ」と言われたので当分の間、好きにさせることにした。岳父と岳母は一人娘の妻に甘いので、

（任せてしまおう。ほとぼりが冷めるまで独りになりたい）

いざ独り暮らしを始めてみると、肩の荷が下りた気がしたという。

職場でも配置換えがあり、二十四歳の後輩、真由と一緒に仕事をすることになった。彼女は独身で優しく接してくれるし、容姿も整っている。

（女房と別れて、この娘と一緒になれたらな……。まだ人生をやり直せるかもしれない）

そう考え始めると、一時は萎えていた仕事に対する意欲が甦ってきた。真由に会いたい、と思うことで会社に行くのも楽しくなった。もはや妻に謝る気など起きない。あの憂鬱そうな顔を見るのも、陰気な声を聞くのも嫌で堪らなくなっていた。

（もしかしたら、これも地蔵さんのおかげかもしれない。いや、きっとそうだ）

彼は地蔵に感謝して毎日朝晩、手を合わせて供物を捧げた。


だが、それからおよそひと月後の晩。篠崎さんが仕事から帰宅すると、家の中が荒らされた形跡があり、地蔵がなくなっていた。庭に面した居間の大きな窓ガラスが割られている。そこから手を入れて鍵を開けられ、侵入されたらしい。篠崎さんは妻が報復に来たのかと思った。そこで妻の実家に電話を掛けてみると、岳母が出て、

「あの子は、朝から私と一緒に病院へ行って、帰ってからはずっと家にいますよ」

妻は精神病院で統合失調症と診断され、通院していた。

ならば空き巣に違いない。警察に被害届を出したが、篠崎さんの落胆は大きかった。

（地蔵さんのおかげで面倒な女房はいなくなったし、真由とも仲良くなれたのに……）

不思議なことに金目の物は盗まれておらず、被害は地蔵だけである。なぜ空き巣が地蔵を持ち去ったのか、謎であった。翌日から三日間、篠崎さんは仮病を使って仕事を休んだ。警察に任せておくだけでは心細くて、自分でも地蔵を捜そうとしたのだが、いたずらに近所を歩き回っただけで、地蔵を発見することはできなかったという。


しかし、それからまたひと月ほど経った頃、地蔵は彼の許《もと》へ戻ってきた。隣町をパトロールしていた警官が、空き巣を働いた男を現行犯で発見して追跡した。逃げた男は信号を無視して国道を渡りかけたところで車に撥ねられ、空中高く飛ばされて落下し、別の車に轢き潰されて即死した。所持していた免許証から身元が判明して、男が暮らしていた一軒家の家宅捜索が行われ、他の盗品とともに地蔵が発見されたのである。空き巣の死亡によって地蔵を盗んだ動機は不明のままとなったが、

「ああ、本当に良かった！　俺はもうおまえを離さないぞ！」

篠崎さんは涙を流して喜び、大声で地蔵に語りかけた。

それからは外出する際に地蔵を寝室の押し入れに隠すことにした。そこが一番安全な場所に思えたからだ。そして帰宅すると居間に運んで供物を捧げる。

まもなく良いことが起こり始めた。真由と同じ電車で途中の駅まで一緒に帰れるようになったのだ。彼が喋ると彼女も楽しそうに笑って話を聞いてくれる。

そんな暮らしが半月ほど続いた晩――。

帰宅した篠崎さんは「ただいま」と言いながら押し入れの襖を開け、地蔵の顔を覗いてどきりとした。

地蔵は彼が見ている前で横一文字の両目をわずかに開き、唇の片端を吊り上げたのである。明らかに笑っていた。けれどもそれは一瞬のことで、すぐに両目を閉じ、唇も一直線に伸びて元の表情に戻った。篠崎さんは驚いたが、

(考えてみればそうだ。この地蔵さんには魂が宿っているんだ。笑うのは当然だろう)

と、むしろ喜んだ。

ところが、今度は悪いことが起こり始めたのである。

それから数日後に職場の飲み会が行われ、参加して帰る途中のこと。酔っていた篠崎さんは電車の中で真由の手をうっかり握ってしまった。途端に彼女は柳眉を逆立てて、

「やめて下さい!!」

別人のように厳しい口調で拒絶した。

おまけに次の日、課長に訴えたのだ。

「私、篠崎さんからセクハラを受けて困っているんです」

真由は、元気がなくて〈鬱病ではないか〉と噂されていた篠崎さんのことを仕事仲間として心配し、優しく接するように努めてきたが、最近彼の視線に好色なものを感じて〈気持ち悪い〉と思うようになっていたという。課長からその話を聞かされた篠崎さんは、落胆と恥ずかしさから真の鬱病となり、仕事を休むようになった。


さて、冒頭に出てきた同僚の武藤さんはその後、心配して篠崎家を訪ねてみた。「具合はどうだい？」と訊くと、篠崎さんは地蔵を出してきてこれまでの経緯を語った。さらに、

「この地蔵さんが来てからいいことが続いていたのに、何でこんなことに……」

篠崎さんが嘆いた、次の瞬間であった。

それまで澄ました顔をしていた地蔵が、横一文字の両目をわずかに開き、唇の片端を吊り上げたのである。明らかに笑っていた。しかも狡そうな冷笑に見えた。

「顔が変わった！」

武藤さんもそれを確認して飛び上がりそうになった。地蔵の両目はじきに閉じ、唇も一

直線に伸びて元の表情に戻ったのだが、武藤さんは寒気を覚えた。

「こんなもの、買ったリサイクルショップにでも引き取ってもらったほうがいいぜ」

篠崎さんは嫌がっていたが、武藤さんは時間をかけて説得した。そしてリサイクルショップまで同行すると――。

店は既になくなっていた。

近所の家から出てきた女性に訊いてみたところ、少し前に店主が夜逃げをしたらしい。

篠崎さんは地蔵を自宅に持ち帰った。

その後、武藤さんが再び篠崎家を訪ねてみると、篠崎さんは髪も髭も伸び放題でげっそりとやつれ、老け込んでいた。家の中もひどく荒れていて、床にはネズミやゴキブリの糞が大量に散らばっている。武藤さんは病院で治療を受けることを勧めたが、

「俺のことはいいんだ。放っといてくれ。もう帰ってくれ」

篠崎さんは精気のない口調でそう繰り返すばかりで、目を合わせようともしない。

彼は長いこと休職を続けて家に引きこもっていたため、会社を解雇されてしまった。その上、金に困ったのか、家も手放して行方を絶ってしまった。今はどこでどうしているのか、武藤さんも知らないという。

遺骨をめぐる年譜

一九七五年（昭和五十年）
沖縄国際海洋博覧会が行われることになり、整備事業が沖縄県全土で進行。某町も区画整理で墓の移動を余儀なくされ、掘り出された女の遺骨と子供の遺骨が親族の高良家に引き取られる。以後、高良家では夜中に無人の廊下から足音が聞こえてくるようになった。

一九七六年〜一九七九年（昭和五十一年〜五十四年）
高良家では当主和直氏の妻が原因不明の病気で死去。その後、和直氏の長男夫妻が離婚し、長女が交通事故で死去。一家で経営する会社が倒産。次男の娘に生まれながらの言語障がいが発生。廊下の足音は続き、誰もいない風呂場から湯を浴びる音が聞こえることもあった。ついには和直氏がノイローゼとなって自殺未遂、現在も精神病院に入院中。

一九八〇年（昭和五十五年）
二柱の遺骨と位牌を東風平《こちんだ》家が引き取る。これは当主の英一郎氏ではなく、隠居したその父親、英才氏が独断で決めたもの。引き取った事情は家族に語っていない。英一郎氏の事業（中古車の販売、修理）は順調で五百坪の土地を購入。店舗を拡大し、新たに支店も出店。新車の販売にも着手。副業として土地の転売を開始、成功を収める。

一九八三年（昭和五十八年）

英才氏が他界、没年八十四歳で天寿を全《まっと》うする。件の二柱の遺骨は、長男の英一郎氏が受け継ぐのを嫌がり、他の兄弟も拒否したため、末弟で四男の寛氏が保管。英一郎氏は英才氏の墓として、市設墓地を購入。

一九八五年（昭和六十年）

英才氏の妻、さよ氏が病没、同じ墓に納骨される。

一九八七年（昭和六十二年）

寛氏が心筋梗塞により四十七歳で急逝。両親と同じ墓に納骨される。このとき寛氏の嫁である富子氏が、預かっていた二柱の遺骨を親族に無断で一緒に納骨した。その後、英一郎氏が経営する店舗付近で、赤いワンピースを着た五歳くらいの幼女を連れた、長い髪の女の姿が頻繁に目撃される。服装や髪形が現代的ではない上、幼女が片足を引き摺ってふらふらしながら歩くので、よく目立つ。英一郎氏や従業員が（変わった客だな）と思いながら近づくと、その姿が消えてしまう。

一九八八年（昭和六十三年）

英一郎氏の店舗で新車の展示中に暴走車が突っ込み、五台が廃車となる。販売した車両の未収金も続けて発生。男性従業員が仕事帰りにバイクの事故で死去。

一九八九年（平成元年）

英一郎氏、副業として行っていた土地の転売で詐欺に遭う。二億円の負債を抱えて土地、家屋財産をすべて失い、破産。今度は英一郎氏の自宅で時折、夜中に誰もいない廊下から足音が聞こえてくるようになる。

一九九〇年（平成二年）

英一郎氏のすぐ下の弟である文吾氏が自宅の階段から転落し、重傷を負う。

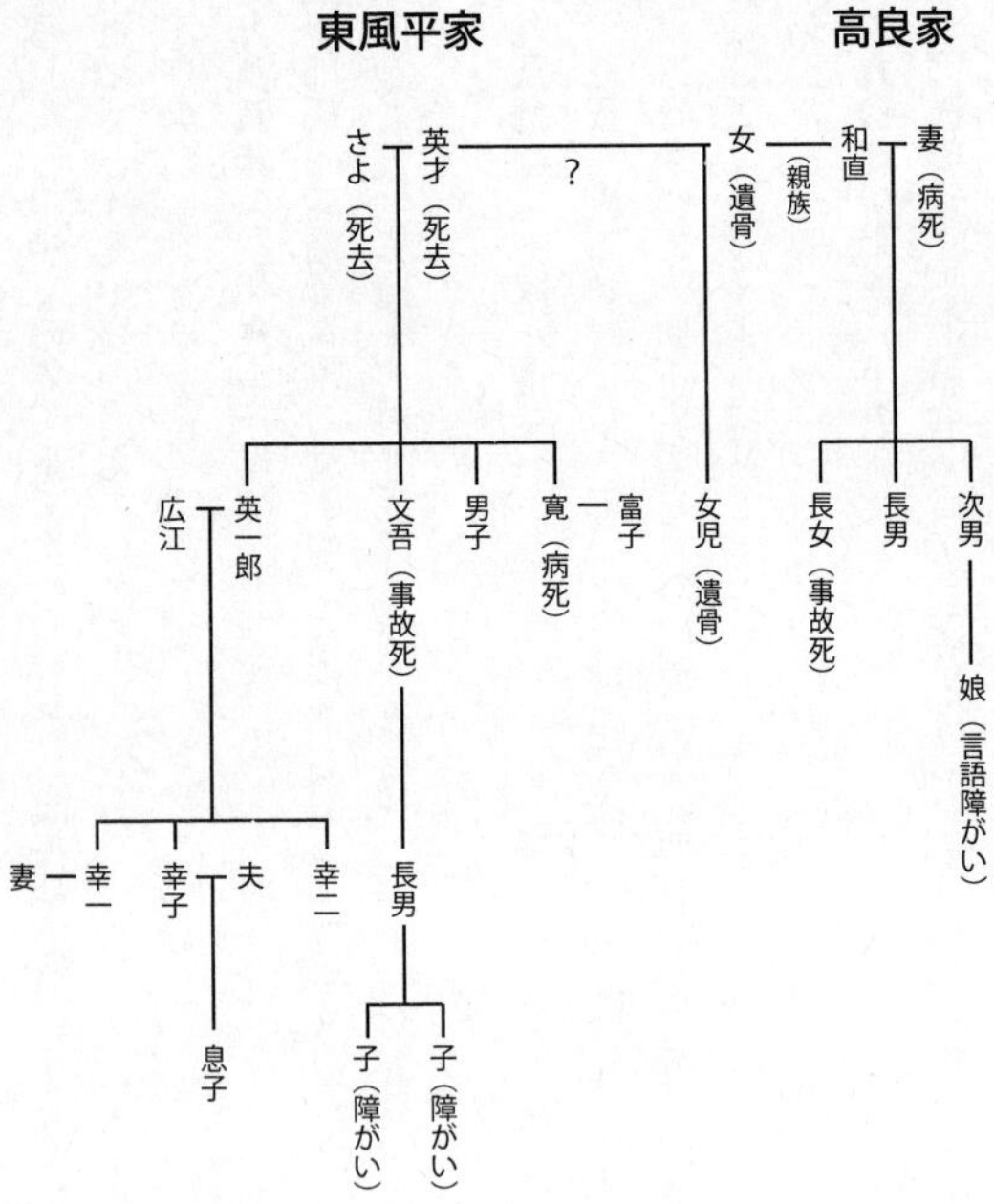
東風平家
高良家
妻（病死）
和直
女（親族）
女（遺骨）
英才（死去）
さよ（死去）
?
次男
長男
長女（事故死）
女児（遺骨）
富子
寛（病死）
男子
文吾（事故死）
英一郎
広江
娘（言語障がい）
長男
幸二
夫
幸子
幸一
妻
息子
子（障がい）
子（障がい）

一九九三年（平成五年）
英一郎氏と同居している長男幸一氏、頸に血管腫を患い、手術を受ける。
一九九五年（平成七年）
幸一氏の嫁が子宮頸癌で手術を受ける。富子氏が乳癌となり、手術を受ける。
一九九八年（平成十年）
文吾氏が再び階段から転落、頭部を強打して数日後に死去。彼の長男夫妻が飲食店経営に失敗し、のちに離婚。離婚前に二人の子供を儲けたが、いずれも生まれつき、重度の障がいに悩まされている。
二〇〇〇年（平成十二年）
幸一氏の妹、幸子氏が原因不明の高熱病で長期入院。
二〇〇一年（平成十三年）
親族に共通した悪夢を見る者が続出。以前に目撃された女と幼女が出てきて、延々と恨み言を述べる。女は三十がらみで、刃物を持って追いかけてくるという。英一郎氏の次男幸二氏、癲癇の発作を起こして倒れる。幸一氏も急に鼻からの呼吸ができなくなり、蓄膿症の手術を受ける。

二〇〇二年（平成十四年）

幸子氏の夫が直腸癌で手術を受ける。直後にその息子も交通事故で瀕死の重傷を負う。

二〇〇三年（平成十五年）

幸一氏、某サブコンに勤務し、課長代理を務めていたが、部下の不祥事により解雇。なかなか次の職が見つからずに悩む。母親の広江氏が地元のノロ（女性神職）やユタ（霊能者）四人に相談するも全員に断られる（理由不明）。幸一氏、翌年になってようやく建設現場の請負監督となる。

二〇〇七年（平成十九年）

幸一氏、順調に過ごしていたが、請負現場四件で官庁管理者による汚職（接待、賄賂）が発覚。代理人と監督官は有罪とされ、入獄。幸一氏も管理技術者として勤務していたことから関与を疑われ、厳重注意を受ける。

二〇〇八年（平成二十年）

幸一氏「すべては富子叔母さんが身元不明の遺骨を納骨してから始まった」と気づく。だが、「あの遺骨は誰なのか？」と年老いた両親に訊いても「わからない」「我々も聞いていない」と言うばかりである。そこで富子氏を訪ねて問い質すと重い口を開き、「お祖父さん（英才氏のこと）の愛人だった女と、二人の間にできた娘の骨だと思う。みんなが『そうだろう』と話していたから」と語る。初めに遺骨を保管していた高良家で凶事が続き、当主の和直氏が保管する能力を失ったことから、その息子たちが英才氏に押しつけてきたものらしい。幸一氏は高良家に確認しようとしたが、和直氏は重度の精神疾患で会話ができず、息子たちは沖縄県から離れていて連絡が取れなかった。

二〇〇九年（平成二十一年）

幸二氏の家が火災で全焼。「このままでは家系が滅ぼされてしまう」と案じた幸一氏が定期預金を解約し、やっと思いで金を集めて新しい墓地を購入。祖父母の遺骨のみをそこへ移転させる。

二〇一〇年〜現在（平成二十二年〜現在）

その後、東風平家での異変は発生していない。ただし、英才氏の愛人（？）とその子の遺骨は元の墓に納骨したままになっている。現在英一郎氏は九十歳で処理能力が失われており、幸一氏たちが無縁仏として管理墓地に移すか否かを検討している。本当に英才氏の愛人なのか、あるいは東風平家の親族に当たる者なのか、特定にはＤＮＡ鑑定が必要であり、永代供養と併せて多額の費用がかかる。幸一氏が弁護士に相談したが良い案はなく、宙に浮いた状態のまま現在に至っている。

この町は呪われている

まどかさんは京都府で生まれ、四歳のときに父親の実家がある某県へ引っ越した。父親の家は旧家なのだが、なぜか女子ばかりが生まれるので、代々女性の当主が婿養子をもらって続いてきた。ただ、当主の女性は決まって五十歳になる前に亡くなってしまう。まどかさんの祖母も四十八歳で心臓発作を起こして急死している。その息子である父親は、珍しく生まれた男子であった。

父親は一度実家を出て京都に住んでいたが、大事に育てられたことが災いしたのか、ひどい遊び人で、まどかさんの母親との結婚後も複数の愛人がいた。不意に姿を消してどこかで愛人と暮らし始め、金がなくなると戻ってきて、金が手に入るとまたいなくなる。それを見かねた祖父が、家督を継がせることを条件に半ば無理矢理家に呼び戻したらしい。

この一族は広い庭のある大きな屋敷に住み、遠い昔から広大な土地を所有していた。それを売ったり貸したりすることで一つの町ができたほどである。町の世帯数は一戸建てとアパート三棟で七十戸以上あった。

ところが、祖父が隠居して父親が三十八歳で家督を継ぐと、周囲で悪いことが続くようになった。まず父親が酒を飲んで暴れるようになったのである。母親は暴力を恐れて助けてくれない。まどかさんは毎日のように父親から殴られたり、蹴られたりした。同じ敷地の離れに隠宅を構えた祖父も父親には甘くて、見て見ぬふりをしているようであった。

その頃からまどかさんは、家で見知らぬ女の姿をよく見るようになった。子供部屋にいると窓の前を女が通る。そこは二階でベランダはないので、人が通れるはずがないのだ。

「あっ……」

窓に近づくと、もういない。

そのため顔や年齢はよくわからなかったが、髪の毛がセミロングのおかっぱで、古風な白いブラウスを着ている。明治時代に洋風の服装や髪形をした女性のことを〈ハイカラさん〉と呼んだものだが、まさにそんな雰囲気であった。それが何の前触れもなく度々現れるので、不気味に思えて嫌だったという。

まどかさんが小学一年生の頃、父親が経営するアパートに母親の親友が引っ越してきたが、その夫が急に借金を作った上、暴力を振るい始めた。結局一年ほどで離婚し、どちらも引っ越している。

また、同じアパートにはまどかさんの友達の家族が何組か住んでいた。

ある友達の一家は父親が母親を追い出した。父親はおとなしい男だったが、どういうわけか不意に激昂して角材で母親を殴ったそうだ。母親は顔が痣だらけ、頭が割れて血みどろの姿になった。この父親はのちに再婚したものの、後妻も同じように負傷させて追い出している。

次に、別の友達の父親が急病で亡くなってしまう。まだ三十五、六歳だったらしい。

別の友達の一家は、母親が年下の男と浮気をして出ていった。

さらに、近所に住む中学生の少年が通学中にバスに轢かれて亡くなる。

次に、まどかさんの家の斜め向かいに住む夫婦が、多額の借金を抱えて無理心中を遂げた。夫の手で扼殺された妻の遺体が近くの山林から発見されている。妻は嫌がって必死に抵抗したらしく、両手の爪が血に染まっており、後から首を吊った夫の腕には無数の引っ掻き傷が残されていたという。

その隣の家は火事で全焼し、一人が焼死してしまった。

これらすべてがわずか三、四年の間に起きたのだ。おかげで、

「この町は呪われている」

と、噂されるようになった。

同じ頃にまどかさんの家の裏手を通る細い道で時折、桃色の着物を着た十歳くらいの少女が、近所の人々に目撃されていた。おかっぱ頭で口を大きく開けて笑っているのだが、目の周りだけがぼやけている。J字路の角に立っていて、通行人が近づけば角の向こうに姿を隠す。隠れる場所はないのだが、跡を追うとどこにもいない。

J字路の先に、字は異なるが読み方が同じ円花《まどか》という一つ年下の少女が住んでいた。その子もJ字路で例の少女の姿を目撃したそうだ。

同じ日の晩、円花が兄と自宅の風呂に入っていると、浴室のドアを叩く者がいた。浴室のドアは曇りガラスの引き戸だったが、向こう側に小さな掌が二つ透けて見える。それが曇りガラスを何度も叩いていた。兄が浴槽から出てドアを開けてみると、脱衣所には誰もいなかった。しかし、少し経つとまたドアが叩かれる。兄が脱衣所を見ても誰もいない。

「怖くて、お風呂の中で泣いてしもたわあ」

まどかさんは、その話を円花と遊んでいたときに直接聞いた。

それから数日後、円花は近くの池へ、兄やその友達と魚釣りに出かけて水死した。兄たちの話によれば、いきなり池に落ちて溺れたらしい。読み方が同じ名前だったせいか、

（まるで私とまちがわれて連れていかれてしもたみたい……）

まどかさんは子供心にそんな気がして恐ろしかった上、気の毒に思えてならなかった。

ちなみに、彼女自身はおかっぱ頭の少女と遭遇したことはなかったという。

　まどかさんは十歳になっても、体重が二十三キロしかなかった。父親からの虐待は治まるどころか、年々激しさを増しており、相談できる相手もいなくて拒食症になっていたのだ。どうすることもできず、食べ物を残すと父親に怒鳴られた。

「何で食わへんのや！　食い物を粗末にするな！」

「食べられへんねん！　お父さんのせいで！」

　悔しくて一度だけ文句を言ったことがある。だが、

「阿呆か！　贅沢病や！」

　逆に父親から熱い味噌汁を胸元に掛けられた上、余計に激しく殴られた。父親は発言と行動がいつも矛盾しており、完全に狂っていた。毎日まどかさんを殴り過ぎて、拳が割れて血を流していることもあったが、やめられないようであった。

　まどかさんは殴られているときに、あの〈ハイカラさん〉が父親の背後に立っているのを何度か見たことがある。まるで父親にとり憑いて、暴れさせているかのように――。

　殴られて泣いていたり、眩暈を起こしているときに現れるので、相変わらずどんな顔をしているのかは確認できなかったのだが……。

中学生になっても父親からの虐待は続いた。まどかさんには四つ年下の妹がいるが、どういうわけか、父親は妹にはまったく手を出さなかった。

ある夜のこと。自室で眠っていたまどかさんが、真夜中にふと目を覚ますと——。

ボオオ……。

ボオオオオ……。

耳慣れない大きな音が庭のほうから響いてくる。

（何の音やろう……？）

まどかさんはベッドから起き出して電灯を点け、庭に面した窓のカーテンを開けてみた。すると、窓全体が赤紫色に光っている。ボオオ、ボオオ、という音も続いている。とても綺麗な光だったが、なぜか怖くて窓を開ける気がしなかった。ベッドに戻って布団を頭から被り、怪しい音が途絶えたので布団から顔を出してみると、窓の光も消えていた。

（消えたし、大丈夫やね）

少し安心したまどかさんは、カーテンを閉めて電灯を消した。再びベッドに戻って眠ろうと、枕に頭を乗せたとき——。

天井一杯に広がる巨大な顔が、目に飛び込んできた。つい先程まではなかったものだ。

真っ赤に光る女の顔であった。ぎらりと双眼を光らせてこちらを見下ろしている。〈ハイカラさん〉ではない。乱れて垂れ下がった髪はおかっぱではなく、セミロングよりも長かったからだ。

「ボオオ！　ボオオ！　ボオオオオ！」

女が口を尖らせて、汽笛のような奇声を発している。

まどかさんは急に咽喉《のど》を押し潰されるような息苦しさを覚えた。それで失神したのか、眠ってしまったのか、そこから先のことは覚えていない。

目が覚めると朝になっており、巨大な女の顔は消えていた。だが、呼吸をすると咽喉が痛む。声もよく出せなくて、三日間ほど苦しい思いをしたそうだ。

この頃から不幸や災いは近隣の家々よりも、まどかさんの家に集中してきた。彼女が十四歳の年末に隠居していた祖父が病没している。

翌年の夏には家の屋根から雨漏りがするようになったため、父親が梯子を掛けて修理をしていると、屋根裏に巣を掛けていたスズメバチの群れが襲ってきた。父親は屋根から転落して手足を骨折し、それが完治しないうちに胃潰瘍で病院への入退院を繰り返すようになった。長年大量の酒を飲み過ぎたことが原因らしい。

母親も子宮筋腫を患った。

災いはまどかさんにも及ぼうとしていた。

用事があって屋敷の庭にある物置へ入ったとき、天井から「ボオオ！　ボオオ！」という大声が聞こえたかと思うと、棚の上にあったツルハシが急に落ちてきたのだ。

刃が顔面を直撃する――。

しかし、その寸前、誰かに腕を掴まれて横へ引っ張られた。

確かに人の手が見え、それで一歩動いたのが良かったようで、ツルハシは彼女の目の横を掠めて落ちた。動かずにいたら、命を落としていたことだろう。

腕を引っ張ってくれた手はどこかに消えてしまい、周りには誰もいなかった。

まどかさんは以前から薄々感じていたことがあったという。

(私らの先祖が昔、この土地で何か相当ひどいことをしてきたんかもしれへん。そやから呪われてるんやないやろうか？　町の人らは運悪く、それに巻き込まれて……)

元々女系家族であり、女の当主が早死にをする、つまり何者かの生け贄になることで続いてきたような家であった。けれども、男子である父親が産まれて跡を継いでしまった。

(そやから呪いが発動したんやないやろうか？　あるいは、お父さんが産まれてきたこと自体が、この家を怨んで潰そうとするものの仕業なのかもしれへん)

まどかさんが高校二年生になったとき、よそに嫁いでいる伯母が膵臓癌を患った。父親の長姉で、祖父が家督を父親に継がせたことから、当主にならなかった人物である。当主にさえならなければ長く生きられるのではないか、とまどかさんは思っていたが、伯母は当主の寿命とされる年齢を越えたとはいえ、まだ五十六歳であった。

この伯母は親族の中では比較的温厚で話しやすい。まどかさんは単独で、伯母が入院している病院へ見舞いに行った。

「長生きできひん家系みたいでなぁ……」

伯母は苦笑いしながら迎えてくれた。癌は既に身体中に広がっていて、以前とは別人のように痩せ衰えている。

まどかさんは申し訳ない気もしたが、思い切って疑問を口外した。

「伯母さん。私たちの先祖にはどんな人がいはったん？　悪いことをした人がいたん？」

伯母は鯉の生き肝でも食ったかのように苦い顔をしたが、死期を悟っていたからか、正直に語ってくれた。

「お祖母さん（まどかさんから見ての祖母）から聞いた話やと、明治の初め頃にひどい男がいたらしいわ」

その男は、現在まどかさんが住む地域の村長になったが、貧乏人に金を貸して返せなければ、その家の娘を差し出させて妾にした。他にも奉公人の若い女を次々に犯しては妊娠させ、産まれた子供は女子ならば女郎屋に売ってしまう。男を怨みながら自殺した女もいたが、金と権力があって村の人間は誰も逆らえず、罪に問われることもなかった。ただし、男が生ませた男子は本妻の子も含めて皆幼いうちに死んでしまった。昔のことではっきりしたことはわからないが、自殺した女か、その遺族が何らかの呪いを掛けたためだろうといわれている。そこで娘の一人に婿養子を迎えて跡を継がせたが、それ以降は代々女子しか生まれなくなり、女当主は早死にするようになったという。

「これからも大変なことがあるかしれへんけど、何があっても強う生きてな……」

伯母はそう言い残して、およそひと月後に亡くなった。

まどかさんは高校を卒業すると、京都にある専門学校へ進んだ。初めは車の免許を取って実家から通学していたが、まもなく家の前の下り坂で大事故を起こしている。

夜、帰宅する途中にいきなり黒い人影が車の前に飛び出してきたのである。よけた拍子に車ごと崖から転落してしまった。

横転した車の中で身動きができずにいると、窓の向こうから何者かが車内を覗き込んできた。それは〈ハイカラさん〉かと思われたが、一瞬で姿が消えてしまった。

何とか車の窓から脱出して崖を這い上がると、先程の黒い人影はどこにもいなかった。

どうやら飛び出してきたのは生身の人間ではなかったようだ。車内を覗き込んでいた〈ハイカラさん〉だったのかもしれない。そうだとすれば、〈ハイカラさん〉に殺されかけたことになる。

（あれが呪いを起こしている一番の主なんかな？）

ふと、そんな気がして震え上がった。

不思議と怪我は軽い打撲だけで済んだが、車は廃車になった。

「この、でき損ないが！」

当然、父親からは罵倒される。

（もう、こんな家も町も懲り懲りやわ）

まどかさんはアルバイトをして金を貯め、実家を出て京都府内にアパートを借りた。そして専門学校を卒業すると、そのまま京都で就職している。

実家を離れてから〈ハイカラさん〉を見ることはなくなった。二十六歳で結婚して一年後には子供もできたが、それから半年ほどして父親が電話を掛けてきた。

「このところ商売が上手くいってへんのや。金を借りることにしたさかい、おまえ、連帯保証人になれ」

「私は嫌や！」

「何やと。育ててやった親の言うことを聞くんは、子供として当然のことやろうが！」

「散々私を虐待した人の保証人になんか、誰もならへんわっ！」

断固として拒んだ結果、父親は母親と妹を連帯保証人にしたのである。

ところが、何と、父親はまた愛人を作って三億円もの借金を抱えたまま蒸発してしまった。土地家屋は全部他人の手に渡り、母親と妹は老朽化した安いアパートに移り住むしかなかった。そこには毎日ヤクザが、

「親父の居場所を教えろ！」

と、押しかけてきて大変だったらしい。

気苦労から母親は倒れ、病院への入退院を繰り返すようになった。

騒ぎがどうにか収束した頃、妹がまどかさんの家を訪ねてきて、こんな話をした。

「あたし、子供の頃にな、ハイカラさんみたいな女の人をよく見ててん。幻覚か幽霊なんか、よくわからへんねんけど……。十代の後半になったら、いつの間にか出えへんようになってんや。それが最近、また出てくるようになってん。長いこと見てへんかったのに」

「えっ？　あんたも昔、ハイカラさんを見てたん？　私も見てたんや」

まどかさんはこのときまで、妹もハイカラさんを見ていたことを知らなかった。

「ええ、そうなん。ハイカラさんは、いつも向かって左側に現れるんや」

その後少しして、妹は脳の病で手術を受けることになった。

のちにまどかさんが妹から聞いた話によると――。

毎日現れていたハイカラさんが、突然姿を見せなくなった。それから急に気分が悪くなって、手足が麻痺してきたので嫌な予感がしたそうである。病院へ行くと、脳血栓――脳の左側に大きな血の塊ができている――と診断された。妹は手術を受け、次第に麻痺も治まって、時間はかかったが、すっかり快復したという。

「きっと、ハイカラさんが病気を教えてくれたんや。そうやなかったら手遅れになって、一生後遺症に悩まされてたかもしれへんわ」

妹は意外なことを口にした。

「えっ、ハイカラさんは悪者ちゃうの？」

まどかさんは不思議に思い、近年になって知り合った僧侶に一連のできごとを話してみた。

僧侶の答えは、

「ハイカラさんは年代からして、あなた方の曾お祖母さんではないでしょうか。あなた方が危ない目に遭うと、現れて助けてくれるのではないかな」

というものであった。そういえば、昔ツルハシが落ちてきたときに誰かが腕を引っ張ってくれたので無事に済んだことがあった。

（ほんなら、あれもハイカラさんが助けてくれたんやな）

かつては祟るものの長《おさ》ではないか、と信じていたこともあった。しかし、よく考えてみれば、事故を起こしたときに車の前に飛び出してきた人影は黒かったのだ。ハイカラさんはいつも白い洋服を着ていた。それでまどかさんは、

（お坊さんが言わはったように、きっと、曾お祖母さんが私と妹を助けようとして出てきてくれたんやな。でも呪いが強すぎて、なかなか思い通りにならへんかったんやろうなぁ）

曾祖母に心の中で深く詫びた。

現在、四十代になったまどかさんは家族と幸せに暮らしている。

母親は籍を抜き、妹も結婚して姓が変わった。

けれども、まどかさんは長女で、実は一族の現在の当主に当たっている。まだ呪いが続いているとしたら、彼女は五十歳を迎える前に死亡することになるのだ。そして彼女には生まれつき、祖母と同じ心臓疾患がある。実家があった土地は既に彼女のものではないし、

代々受け継がれてきた姓を持つ者もいなくなった。

（もう家は絶えたも同じなんやから……）

まどかさんは、呪いが消えていることを心から祈っている。

ただし——。

最近、年老いた母親が肺癌を患い、手術を受けた。肺の三分の一を除去する手術は成功し、今のところは術後の経過も安定しているのだが、

「親やもんな。子供に迷惑かけたっていいよな」

「親の言うことを聞くんは、子供として当然のことやろう」

などと、急に威張るようになった。

その口調が父親とそっくりなので、まどかさんは慄然とした。

父親が今どこでどうしているのか、生死すら不明だが、まるで母親に乗り移ったように思えるのだという。

赤い花

郁生《いくお》さんは小学生の頃、毎年夏になると田舎にある父親の実家へ遊びに行き、一人で何泊かしていた。その家には伯父夫婦と従兄が二人いたが、五歳上の長男よりも、同い年の次男と仲が良かった。次男の名は一洋《かずひろ》という。二人でよく近くの雑木林へカブトムシやクワガタムシを捕りに行った。

十一歳の夏のこと。

その日も郁生さんと一洋は、午前中から樹液が出ているクヌギの木を見て回っていた。

舗装されていない林道に蝉時雨が降り注いでいる。雑木林の奥へ進んでゆくと、

ボーン、ボーン……。

どこからか、古びた柱時計が鳴るような音が聞こえてきた。

同時に蝉時雨が一斉にやむ。

ボーン、ボーン……。

ボーン、ボーン……。

林道の周辺に民家はない。

「あれ、時計の音かねえ?」

郁生さんは不思議に思って訊ねたが、一洋は首を傾げただけで答えなかった。

柱時計の音は依然として近くから聞こえてくる。一洋が音のするほうへ歩き出したので、郁生さんも後に続いた。林道沿いにひと際大きくて目立つクヌギが生えている。二人がその下まで来たとき、郁生さんは頭上に人の気配を感じた。見上げれば——。

「あっ!」

林道に張り出したクヌギの太い枝に、女がぶら下がっていた。長く豊かな黒髪が枝に絡みついている。

女は首だけが生身の人間で、肩や胸から下は白い半透明の滑らかなガラスでできているように見えた。全裸で両腕をだらりと垂らし、両足をそろえて横座りするように膝を折り曲げている。股の前には恥部を覆い隠すように大きな赤い花を付けていた。

女の人相までは覚えていない。郁生さんがもう一度よく見ようとしたとき、唐突に柱時計の音がやんで、目の前の景色が変わったからである。

そこはクヌギを中心とした日当たりの良い雑木林ではなく、薄暗い針葉樹の森になっていた。苔むした長い石段があって、郁生さんと一洋はその中途に立っている。石段の上には壁を黒塗りにした木造の二階建て住宅があり、窓から湯気が立ち昇っていた。硫黄の匂いがする。どうやら建物の中に温泉があるらしい。

（旅館かな？）

郁生さんは以前に両親と泊まった温泉旅館を思い浮かべて、そう推測した。

二階の窓から誰かが手招きしている。郁生さんは何となく顔見知りに呼ばれたような気がして、石段を登り始めた。少し遅れて一洋も登ってくる。

二人が旅館の前まで来ると、窓から上半身を覗かせた者がいた。

髑髏のようにやつれて目が窪み、青白い顔をした見知らぬ若い女が、白い浴衣を着て立っている。長い黒髪を胸まで垂らし、無表情な顔つきで、こちらに向かって手招きしていた。

誘われるがまま、旅館の玄関へ入ろうとしたとき――。

重量感のある羽音が響いて、大きな褐色の虫が目の前の空中を横切った。

「カブトだ！」

郁生さんは雑木林へカブトムシを捕りに来ていたことを思い出して立ち止まった。

ボーン、ボーン……。

ボーン、ボーン、ボーン……。

また柱時計が鳴る音が聞こえてくる。

そこで郁生さんは我に返った。二階建ての旅館も、針葉樹の森と石段も消えている。

(夢を見ていたのかな……?)

だが、今いる場所は紛れもなく雑木林の林道であり、カブトムシが飛び去るのが見えたし、まだ柱時計の音が聞こえていた。隣には一洋が眠そうな目をして、ぼんやりと立ち尽くしている。彼の頸には濃い緑色の蔓草が一本、巻きついていた。蔓草の先には毒々しい色をした花が一輪咲いている。種類はわからないが、この辺りには自生していないはずのブッソウゲ(ハイビスカス)に似た、花弁の大きな赤い花であった。

さらに郁生さんは、頭上にガラス細工のような身体をした女がいたことを思い出した。すぐさまクヌギの枝を仰いだものの、女の姿はなかった。

ただ、枝から一本の蔓草だけが長々と垂れ下がって、一洋の頸まで繋がっている。

「カズちゃん!」

郁生さんは一洋の肩に手を掛けて揺さぶった。

ずっと連打されていた柱時計の音が鳴りやむ。雑木林を征圧しそうな蝉時雨が甦った。

「うわっ、何だこりゃあ……」

一洋もようやく我に返った。頸に巻きついていた蔓草を解くと、二人は示し合わせたかのように走って林道から逃げ出した。

伯父の家に戻ってから一洋に話を聞けば、彼もまったく同じ光景を見ていたという。

一体何が起きたのか、さっぱりわからなかったが、郁生さんはひどく恐ろしい気がして同じ日の午後も次の日も、雑木林へは行かなかった。

さらに次の日、両親が迎えに来たので郁生さんは都会にある自宅へ帰った。

その後、三十歳を過ぎた現在に至るまで、彼の身に大きな異変は起きていないという。

一方、一洋は中学一年生の夏休みに突然、自殺してしまった。

一洋は昼過ぎに一人でどこかへ出かけたきり、夜になっても帰らず、集落の男たちが手分けして捜し回ると、雑木林のクヌギの枝に縄を掛けて首を吊った姿で発見された。わざわざ高い木に登って縄の片端を自らの首に結び、もう片端を枝に結んでから飛び降りたらしい。そこは郁生さんと一洋が、ガラス細工の女と遭遇した木の枝であった。

そして一洋の自室にある机の上には、

『俺もあの温泉に入りたいから死ぬんだ』

と、謎めいた書き置きと、ブッソウゲに似た赤い花が一輪、置かれていたそうである。

「杏の木」そののち

六年ほど前に私は「杏の木」という話を書いた。『恐怖箱　超─1怪コレクション　金木犀』(竹書房)に収録されているが、未読の方向けに、まずは粗筋を述べておきたい。

昭和五十年代、主婦の安森さんは偶然、隣家の庭に青い火の玉を見る。その庭には杏の大木があり、幹が二叉に分かれた部分に青い火の玉は乗っていた。やがて隣家の老婆が杏の木の下で倒れ、亡くなってしまう。

それから三年後。今度は隣家の主(老婆の息子)が仕事を休み、毎日虚ろな目をして長時間、杏の木の下に佇むようになった。さらに彼は安森家に駆け込んできて、

「杏の木に青い大蛇が巻きついている。早く首を斬らないと危ない。鎌を貸してくれ」

と、必死に頼んだ。

だが、安森さんは物騒だと思って断る。そして彼女が隣家の庭を見ると、杏の木の二叉に大蛇ではなく、青い半着を着て灰色の袴を穿いた蓬髪の男が横向きに跨っていた。男の姿は幹に吸い込まれるように消えてゆく。

その後、五十歳だった隣家の主は尿失禁を繰り返し、「いなくなれえっ！」などと怒鳴りながら瓶や茶碗を杏の木に向かって投げつけたため、精神病院に入院させられた。

安森さんは隣家の過去が気になって、夫や舅夫婦に訊いてみると、この町は昔、一面の田畑だったという。民家が建ち始めたのは昭和十年頃からで、安森家の隣には初め、別の一家が住んでいた。彼らは昭和四十年頃に商売の失敗で家を手放し、そこを居抜きで買い取ったのが現在の隣家で、杏の木は前の住人が植えたものだったことがわかる。

それから二年後、隣家の奥さんと息子がこの町を去った。奥さんも杏の木に巻きついた青い大蛇を目撃して恐ろしくなり、木を伐ることも考えたが、余計に祟られそうなので引っ越すことに決めたそうだ。

このとき、安森さんとは違って隣家の人々は青い大蛇を見ることが常であり、青い火の玉や蓬髪の男の姿は見ていなかったことが明らかになる。隣家の土地と家屋は買い取る者もなく放置され、庭は鬱蒼とした藪になり、家屋も傷んできた。やがて勢いづいた草木の中で、杏の木だけが枯死を遂げる。

そんな話である。なぜ今頃になって、六年前に書き上げた話を蒸し返すのかといえば、後日談を取材できたからだ。「杏の木」は安森さんという現在七十代後半の女性から取材したものだが、今回はその長男である義仲さんから話を聞いた。

義仲さんによれば、杏の木が枯死すると隣家の息子が一度だけ戻ってきて、枯れ木を伐採した。その後しばらくは平穏だったが、今度は安森家に不幸が続くようになった。

平成二年、義仲さんが二十歳のときに祖母が病没し、五年後に祖父も亡くなっている。彼らは高齢で、とくに祖父は九十歳まで生きたので大往生を遂げたと言ってよい。ところが、平成十四年に父親が六十五歳で急病死してしまった。父親の死後、六十二歳だった母親（安森さんのこと）はすっかり打ちひしがれて、人前でもよく涙を流すようになった。

当時三十二歳で既に結婚していた義仲さんは、実家からおよそ四キロ離れた社宅に住んでいた。彼は母親を案じて「うちで一緒に暮らそう」と誘ったが、母親は拒否した。

「あたしはこの家にいたいんだよ。おまえたちがここに住んでくれないかねえ？」

しかし、義仲さんは実家の土地家屋も、生まれ育ったこの町も好きではなかった。路地にあるため車が入らず、古い建物なので夏はゴキブリや蚊が大発生し、冬は隙間風が吹き込んでひどく寒い。鼠もよく出て、ガス台の魚焼きグリルに侵入しては糞をする。おまけに近所には四十年も前に祖父が大喧嘩をして以来、不仲が続く家もあった。

彼の妻も過去に何度か泊まったときに、何となく落ち着かない、よく眠れなくて体調が悪くなる、などと訴えていた。

「隣の藪……あそこ、何かいるわよ」

藪の中に何かが見えるわけではないらしい。とはいえ、

「あの辺から嫌な感じがするの」

と、指差した位置がちょうど杏の木が生えていた辺りだったことから、義仲さんは薄気味悪く思った。彼も「杏の木」の話は母親から聞いていたものの、妻には語っていなかったし、妻が嫁いできたとき、杏の木は既に伐採されていたからである。

また、本来なら不動産の相続権は亡父の配偶者である母親に半分、残り半分は義仲さんと他県に住む弟にあるのだが、母親はどういうわけか、土地建物の独占を強く主張した。

「この家はあたしのものだからね。おまえたちは相続を拒否しておくれ」

「でも、法律では俺たちにも権利はあるんだろ」

義仲さんがやんわりと異議を唱えると、

「おまえたちのものになるってことは、いずれ嫁さんたちのものにもなるわけだろう。他人に取られるのは嫌なんだよっ！」

母親は急にわめき出した。何やら言動がおかしい。

家族同士の揉めごとは避けたかったので、義仲さんと弟は相続を拒否することにした。

それを知った義仲さんの妻は面白くなかったのだろう。

「私はあの家が欲しいと思ったことなんてないのに……。お義母さん、最近変よ」

妻が怒って同居の話は立ち消えとなり、勢い母親は独り暮らしをすることになった。

桜の花が咲いて儚く散った、春の宵のこと。

義仲さんが自宅でビールを飲んでいると、母親が泣きそうな声で電話を掛けてきた。

「お化けが出たんだよ！　すぐに来ておくれ！　一人じゃいられないよ！」

義仲さんは嫌がる妻に車を運転させて実家へ急いだ。十分ほどで到着すると、母親が呆然と居間に座り込んでいるだけで、家中を見て回っても〈お化け〉はいなかった。

「何もいないじゃないか。何が出たんだい？」

「出たんだよ」

「だから、何が？」

「お化けだよ」

「だから、どんなお化けが出たんだい？」

母親の話を要約すると――。

母親は昼間、風通しを良くするために家中の窓を開け放っている。寝室の窓も網戸を閉めた状態でガラス戸は開けておいた。夕方になり、冷えてきたのでガラス戸を閉めに寝室へ行くと、ついブロック塀越しに隣家の藪が目に入ってしまった。

そのとき母親は、夕闇の中に佇む人影を目撃した。半着に袴を身に着けた蓬髪の男である。男はこちらを見たかと思うと、母親に向かって片手を伸ばしてきた。


両者の間隔は三メートルほど離れていたが、男の腕が釣竿のように長く伸び、網戸を突き抜けて寝室に入り込んできたので、母親は逃げ出したという。

義仲さんは寝室へ行き、蛍光灯を点けて網戸を調べた。どこも破れてはいない。次に懐中電灯を持ち出して隣家に灯りを当ててみた。鬱蒼と草木が生い茂った庭や、屋根のトタンが剥がれかけた廃屋は不気味だったが、何もいない。

この日はそれだけで済んだのだが……。

やがて義仲さんの自宅の電話が午前二時過ぎに鳴り響いた。呼び出し音で目を覚ました義仲さんが電話機のナンバーディスプレイを覗けば、実家の電話番号を示している。

（何事だろう？）

胸騒ぎを覚えながら出ると、母親が、

「またお化けが出たんだよっ！　すぐに来ておくれっ！」

と、捲し立てるので義仲さんは閉口した。今日は仕事で午前七時半には家を出なければならない。今から外出して、帰ってきてからもうひと眠りできるとは思えなかった。けれども母親を放っておくわけにもいかず、車を走らせて実家へ向かった。

実家に到着すると、また母親が居間に座り込んでいるだけで、他には何もいない。

「今度はどうしたんだい？」

母親は震えていて、すぐには返事ができないほどであった。前回よりも大きな衝撃を受けているようだ。義仲さんは時間をかけて話を聞き出した。

あれから母親は、寝室が隣家と接していて怖いので、居間に布団を敷いて眠るようになっていた。居間は八畳の和室である。母親は灯りを薄暗くして眠っていたが、ふと目が覚めた。何気なく薄暗い天井を見上げていると――。

不意に真横から音もなく人影が現れた。

布団の左手に蓬髪の男が立っている。

その身長は一六〇センチくらいで痩せていた。オレンジ色の豆球しか点いていないというのに、なぜか色彩まではっきりと見える。青い半着を着て灰色の袴を穿いており、顔面は血まみれで、眉間に皺を寄せ、大きく目を剥いてこちらを見下ろしていた。少し開いた唇の間から、食い縛った歯が剥き出しになっている。まるで悪鬼の形相だ。

母親は恐怖で身動きができなくなった。

そこへ男の片腕が伸びてきて、コバルトブルーの大蛇へと変わっていった。大蛇が布団を撥ね除け、母親の胴に巻きついてくる。

（殺される！）

ようやく身体が動かせるようになった母親は、懸命に四肢をばたつかせて抵抗したが、大蛇の力は緩まなかった。逆に物凄い力で絞めつけてくる。酸欠になったのか、たちまち意識が朦朧としてきた。

だが、死に物狂いで暴れるうちに布団の右手にある座卓と、その上に置いてあったテレビのリモコンに手が触れた。母親は咄嗟にリモコンを掴み、男めがけて投げつけた。

それは男の胸に命中したが、効かなかったのか、依然として男は悪鬼の形相でこちらを睨んでいる。ただし、大蛇の力は緩んで母親の胴から離れていった。

大蛇がすっかり人間の腕の形に戻ると、男の姿が半透明になり、消えていったという。

母親は急いで蛍光灯を点けた。身体中が脂汗でびっしょりになっていた。

「夢を見たんじゃないのかい？」

「夢じゃないよ。ほら」

母親が畳の上を指差す。テレビのリモコンが逆さに転がっていた。普段はうっかり踏んで壊さないように座卓の上に置いてあるはずなのだ。

義仲さんは自宅へ帰るわけにもいかず、朝まで実家で仮眠を取ることにした。

彼がいる間は何も起こらなかった。

それからというもの、母親を心配した義仲さんは週に四日は実家へ様子を見に行くことにしたが、母親はいつも暗い表情をしていて、同じことばかり口にする。

「嫌な夢を見るんだよ……」

蓬髪の男はあの夜以来、実際に現れてはいないが、眠るとよく夢に出てくるそうだ。夢の中でも母親は居間に寝ていて、そこへ蓬髪の男が姿を現す。今度は男の腕だけでなく、全身がコバルトブルーの大蛇に変容して、母親は絞めつけられる。座卓まで手を伸ばし、テレビのリモコンを手探りで探すのだが、なかなか見つからず、

(もう駄目だ……)

観念したところで、汗びっしょりになって目が覚めるのだという。

その頃から母親の言動が前にも増しておかしくなった。数秒前に自分で言ったことを忘れて同じ言葉を何度も零す。歯を磨かず、風呂に入らず、いつも白い染みだらけになった同じ衣服を着ている。近所の住人や長年の友人とは些細なことで喧嘩し、絶交してしまう。

以前は温厚で優しい母親だったのに、性格が変わってしまったらしい。脳外科病院で検査を受けたが、意外にも『アルツハイマー病による認知症ではない』との結果が出た。

ある晩、実家を訪れた義仲さんが仏壇の前の畳を見ると、焦げ跡が幾つもできていた。母親が父親たちの位牌に線香を供えようとして落としたものだろう。さらに台所の流しには真っ黒に焼け焦げた鍋が置いてあった。調理の途中でガス台から離れ、火を使っていたことを長時間忘れていたのだ。

(よく火事にならなかったもんだ。このままでは大変なことになる……)

翌日、義仲さんは仕事を休んで実家の近くにある顔見知りの内科医院へ行き、母親のことを主治医に相談した。主治医からは、ある総合病院への入院を勧められたそうである。精神科を中心とした地元では有名な病院で、よく『認知症の老人が鎖で繋がれている』という噂話を義仲さんも耳にしていた。どうしたものか悩んだが、

(幾ら何でも、いきなり鎖で繋がれることはないだろう)

と、母親を車に乗せて病院へ連れていった。

「まず内科病棟に入れて、薬を投与しながら様子を見ましょう」

担当医はそう告げたが、わずか数日後に病院から電話が掛かってきた。

母親が夜中に面会謝絶の重病患者がいる個室へ侵入して暴れた、というのだ。危険な行

動を取ったため、措置入院として牢獄のような精神科病棟へ移されてしまった。

母親は『老人性精神病』と診断された。懸念していた鎖で繋がれることはなく、しばらく治療を受けて一時は少し回復した。そこで義仲さんは母親を社宅に引き取ることにして退院させたが、完全に回復することはなかった。

母親はその後も入退院を繰り返しながら徐々に悪化してゆき、現在ではアルツハイマー病による認知症も併発して、義仲さんのこともわからず、自らの名前や生年月日も言えない状態となって、特養施設で死を待つばかりの身となっている。

義仲さんは空き家となった実家へは戻る気になれず、土地家屋は放置状態となった。お節介な親戚や長年の知人からは、よくこう勧められたという。

「ずっと借家住まいってわけにもいかないだろう。あの家を建て直して住めばいいのに」

実は、義仲さんも一度は同じように考えたことがある。車が通れない路地沿いにあるのが欠点だったが、この頃には区画整理が行われ、道幅が少し広がって車一台は通れるようになっていた。不仲の家も足腰が弱った老夫婦がいるだけで、先が長いとは思えない。確かに家を建て直してしまえば、ほとんどの不満が解消されることだろう。

しかし、母親の衣類を施設に手渡すことになり、実家を訪れたときのこと。

（もしかしたら、お袋が見た〈お化け〉は精神病による幻覚だったんじゃないのか？）

義仲さんはふと、そんな疑問を抱いた。

（〈お化け〉を見たから気が狂ったんじゃなくて、俺たちが気づいていなかっただけで、本当は親父が死んでから、すぐに狂い始めていたんじゃないだろうか？）

義仲さんは〈お化け〉が本当にいるのかどうか、自分の目で確かめてみたくなった。かつて両親が使っていた寝室で、蛍光灯を点けて窓を開け放つ。

外は既に日が暮れていた。暗闇の中に隣家の藪が広がり、その向こうに崩れかけた廃屋が見える。門を閉鎖してあるので不法侵入した者はいないらしく、窓ガラスは割られていない。それでも縁側のガラス戸は桟が朽ちたのか、地面に落下して横倒しになっていた。

義仲さんは真っ暗な縁側に向かって念じてみた。

（いるなら姿を見せてみろ！）

その直後であった。

縁側が不意に明るく光ったかと思うと、青い火の玉が空中に現れたのだ。大きさはサッカーボールほどで、よく見ると、揺らめく光の中に人の顔らしきものがある。大きく目を剥いた血まみれの形相で、こちらを睨んでいるようであった。

「うわっ！」

義仲さんは慌てて窓のガラス戸とカーテンを閉めた。

（出やがった！　本当に……）

必要な母親の衣類を掴むと、急いで実家から出て、路地に停めてあった車へ駆け込んだ。

（俺も、狂いたくはない……）

それ以来、実家の土地へ戻ることは諦めたという。

母親の存命中は土地家屋を売ることもできず、放置するしかなかった。けれども、隣家と同じく庭が藪になってしまうので、少なくとも年に一度は草木の伐採と清掃を行わなければならない。住んでいなくても固定資産税と町会費は請求されるし、空き家とわかれば不法侵入や放火をされる恐れもある。彼にとっては父祖伝来の遺産が悩みの種となった。

また、周辺の家々も住人が死去したり、高齢化して施設に入るようになっていた。理由ははっきりしないが、どの家も息子や娘はこの町を嫌って離れている。

数年後には残っていた老人たちも全員亡くなり、空家が八軒も並ぶ状態となった。とくに隣家は荒れ放題で、トタン屋根の大半が崩れ落ちている。義仲さんの実家や他の家々も老朽化が進み、庭は藪となって荒れていた。

平成二十八年になって、不動産会社の社員が義仲さんの自宅を訪ねてきた。実家がある町の町会長から住所を聞いたのだという。

大河原と名乗ったその男性は、スーツ姿で年の頃は四十がらみ、日に焼けた浅黒い肌と長身で引き締まった身体つきは、どことなく元スポーツ選手を思わせる。はきはきした物言いで、見るからに働き盛りの営業マンらしい雰囲気を漂わせていた。

「御実家を含めた八軒分の土地すべてを買い取って、新しい町を造りたいのです」

「それはいい話ですね。うちは買っていただけるなら、本当にありがたいですよ。ただ、家の名義人が母なので、生きている間は勝手に売れないんですよね」

義仲さんは、今の母親には売買に応じる能力がないことも説明した。

大河原は少し考えてから、真っ白な歯を見せて微笑んだ。

「何とかする方法はあります。うちで依頼している司法書士の先生に、お母様の状態を確認していただいた上で、代金をそっくりお母様の預金口座へ振り込む形にすれば良いのです。後見人を立てる必要もありませんよ」

丁寧にして力強い口調である。

(ああ、とうとうあの土地を手放すことができるのか！　せいせいするなぁ！)

義仲さんが喜んで承諾すると、大河原はすぐに具体的な計画を語り始めた。彼の会社は土地だけを求めており、家屋は解体が必要になること、解体業者は大河原が指名すること、解体費用は義仲さんが支払うこと、などが売買の条件となった。

（それなら土地を少しでも高く売りたいものだな）

義仲さんは母親の死後、この収益を元手にして、よそに新しい土地を買い、新居を建てたいと考えた。そこで土地の価格を下げられては困るので、「杏の木」のことは一切語らなかったという。

それから大河原とは何度か面会して話し合いや売買の手続きを行ったのだが……。

義仲さんは、大河原が会う度にげっそりとやつれてゆくことに気づいた。初めは精悍な風貌だったたが、目の下に隈ができて頬の肉がこけている。口調も以前と比べると覇気がなく、言い淀んだり、咳き込んだりすることもあった。

「風邪ですか？」

「ええ……このところ、ちょっと……。大丈夫ですけどね」

大河原は弱々しい笑みを浮かべたが、目は笑っていなかった。

また、話すうちに近所の家々に関する話題が出たので、

「お隣の奥さんと息子さんは、今も元気でしたか？　もう長いこと会っていないもので」

義仲さんは懐かしく思いながら訊いてみた。隣家とはかなり以前から音信不通になっていたのである。隣家の息子は彼よりも四つ年上だったので、一緒に遊ぶ機会は少なかったが、幼少の頃にはキャッチボールをしてくれたこともあった。

「いえ、お隣の持ち主は……息子さんの叔父さんたちの名義になっていましたよ。御主人も奥さんも息子さんも、全員亡くなってしまったそうで……」

義仲さんは絶句した。発狂した主や奥さんはともかく、息子が亡くなるには早すぎる。死因が気になったが、大河原もそれ以上のことは知らないようであった。

やがて実家の解体工事が始まり、更地になった土地の売買が成立している。

その後、義仲さんは実家だった土地の様子を見に行ってみた。八軒の家はすべて取り壊されていたが、工事は中断していた。地面が深く四角形に掘られており、底が均《なら》され、年配の男女が横一列に並んで少しずつ地面を掻いている。立札があったので目をやると、

『江戸時代の遺跡。水田跡などが出土したため、発掘調査中』

との内容が記されていた。

(そんな所に住んでいたのか。考えたこともなかったな)

義仲さんは四ヶ月後に再び同じ町を訪れた。発掘調査は終わり、実家だった土地の大部分がアスファルトで舗装されていた。住宅地へ出入りするための通路になるらしい。

義仲さんはその足で菓子折りを土産に町会長の家を訪れた。今回、町を訪問した目的は土地の変化を見ることよりも、町会長が大河原との間に入って世話をしてくれたので、礼を言いに行くことにあった。

「遺跡の調査も無事に終わったようで……」

義仲さんは笑みを浮かべたが、年老いた町会長は笑わなかった。

「いやいや、えらいものが出てきたんだよ。現場の人から聞いた話なんだがね」

隣家の庭だった辺りから、大きな縦長の石や丸い石が三基、出土したという。古い墓石か、石碑か、あるいは道祖神などを祀ったものか不明だが、文字らしきものが刻まれていたそうだ。そのせいか、家屋を解体する段階から作業員が病気になって休んだり、機械が故障したりして、作業が難航していたらしい。

「いずれはあそこに引っ越してくる人がいるんだろうね。何事もなければいいが……」

町会長は腕を組み、眉を曇らせながら唸った。

義仲さんは礼と別れの挨拶を述べてから、もう一度更地へ足を運んでみた。隣家だった土地は住宅用に区画されている。

(でも、俺のせいじゃないんだ……)

義仲さんは次の住人たちの無事を祈りながら、重い足取りで帰路に就いた。

あとがき――お化けが出る場所

まえがきでサービスとして短い怪談を載せたので、あとがきでも一話を披露したい。

某デパートの四階にある女子トイレでのこと。そこは手洗い場に手を出すと、センサーが反応して自動で水が出るのだが、誰もいないのに水が流れ出ることがよく起きていた。そのため〈お化けが出るトイレ〉と噂されていたという。

ある日、女子高生の理奈さんは、学校で怪談好きのクラスメイト二人から誘われた。

「あんたなら見えるんじゃない？」

「どんなお化けがいるのか、見て教えてよ」

理奈さんは過去に亡くなった祖母や愛犬の霊を見たことがあった。それらは少しも怖くなかったので、

「いいよ。見えるかどうか、わからないけどね」

と、深く考えずに承諾した。

放課後、そのデパートへ行ってみると、四階のトイレは通路の奥にあった。

通路が狭いので三人は自然と一列になって進んだ。理奈さんが最後尾でトイレに入ると、誰もいない手洗い場から水が流れ出ている。それも何者かが手を洗っているかのように、蛇口から出た水が四散していた。

「あっ……。いるみたいよ、お化け」

「ほんとだ。ねえ、姿が見える？」

仲間たちが笑顔でささやく。

何もいないわよ――と答えようとした理奈さんは、ぐっ、と息を呑んで立ち竦んだ。手洗い場の前に忽然と、白いセーラー服を着た娘の姿が浮かび上がってきたのである。こちらに背を向けて立っていた。脳天が割れていて、赤黒い鮮血が迸り、長い黒髪や衣服に広がっている。

壁に取り付けられた鏡には、娘の顔が映っていた。顔面も血達磨だったが、理奈さんはその顔に見覚えがあった。

いや、それどころの話ではない。娘の顔は理奈さんにそっくりであった。背格好といい、同じ学校の制服といい、彼女自身としか思えない。死人のように白く濁った目を鏡に向けて、半ば呆然と血まみれの手を洗い続けていた。

理奈さんは悲鳴を上げることもできないまま、腰を抜かしてその場に座り込んでしまう。

同時に娘の姿が消えて、自動水栓の水もはたと止まる――。

それ以来、理奈さんはそのデパートへ行くことができなくなってしまった。


以上、「お化けが出る場所」でした。


さて、昨今「怖い話や嫌な話でなければ怪談として認めない」という趣旨の御意見を伺うことが多い。しかし私は、怖い話や嫌な話ももちろん好きなのだが、不思議な話や奇妙な味のある話、笑える話や泣かせる話も好きである。とりわけ書きたいのは、美しい怪談だ。

また、私は怪談屋であるのと同時に虫屋でもあるので、美麗で多種多様な昆虫を集めた標本箱よろしく、さまざまなタイプの怪談を「これでもか！」と並べた本にしたいと望みながら執筆してきた。こうして全話を見渡すと、美麗か否かの判定は読者の皆様に委ねるとして、多種多様な怪談の〈標本〉をそろえる目標は叶ったと思う。

なお、各話の舞台や採話地は、北海道から沖縄県まで全国に及んでいるが、私の地元である群馬県が最も多く、地名を記さなかった話の中にも多数含まれていることを付記しておきたい。

ついでに、群馬県というキーワードが出たので宣伝をさせていただくと――。

二〇一七年十一月二十六日（日）に高崎市の少林山達磨寺にて『高崎怪談会10 特別編怪談標本箱』というイベントを主催することになった。今回は私の独演会である。

この際なので、ついでにもう一つ、宣伝しておきたい。

同年十一月四日（土）にも長野県長野市の善光寺宿坊にて『玉照院　現代怪談実話ライブ～四人語り～』というイベントに出演する。こちらは宇津呂鹿太郎さん、郷内心瞳さん、丸山政也さん（五十音順）との競演となる。

どちらも大勢の方に遊びに来ていただきたい。詳細と応募方法は各イベント名か、〈戸神重明〉でインターネット検索をしていただければ幸いである。

最後に、取材に御協力いただいた皆様、お世話になった編集担当様、その他全関係者の皆様、そして本書を最後までお読み下さったすべての皆様、どうもありがとうございました！　皆様の温かい応援がいつも執筆の原動力になっています。今後もシリーズ化できるように全力を尽くすので、『怪談標本箱』をどうぞよろしくお願いいたします！

それでは、魔多の鬼界に！

二〇一七年　秋、風の東国にて。

怪談標本箱 生霊ノ左

2017年11月4日　初版第1刷発行

著者　戸神重明
カバー　橋元浩明（sowhat.Inc）
発行人　後藤明信
発行所　株式会社　竹書房
〒102-0072　東京都千代田区飯田橋2-7-3
電話03-3264-1576（代表）
電話03-3234-6208（編集）
http://www.takeshobo.co.jp
印刷所　中央精版印刷株式会社

定価はカバーに表示しています。
落丁・乱丁本は当社までお問い合わせ下さい。

©Shigeaki Togami 2017 Printed in Japan
ISBN978-4-8019-1255-7 C0176